元宇宙生态

如何成为数字产权时代的原住民

三金先生——著

METAVERSE ECOLOGY

首都经济贸易大学出版社
Capital University of Economics and Business Press
·北京·

图书在版编目（CIP）数据

元宇宙生态：如何成为数字产权时代的原住民 / 三金先生著. -- 北京 : 首都经济贸易大学出版社，2022.11
ISBN 978-7-5638-3425-9

Ⅰ. ①元…　Ⅱ. ①三…　Ⅲ. ①信息经济　Ⅳ. ①F49

中国版本图书馆CIP数据核字（2022）第180498号

元宇宙生态：如何成为数字产权时代的原住民
三金先生　著
YUANYUZHOU SHENGTAI：RUHE CHENGWEI SHUZI CHANQUAN SHIDAI DE YUANZHUMIN

责任编辑　胡　兰
封面设计　书董汇・尧丽
出版发行　首都经济贸易大学出版社
地　　址　北京市朝阳区红庙（邮编 100026）
电　　话　（010）65976483　65065761　65071505（传真）
网　　址　http://www.sjmcb.com
E-mail　publish@cueb.edu.cn
照　　排　北京砚祥志远激光照排技术有限公司
印　　刷　唐山玺诚印刷有限公司
成品尺寸　170毫米×230毫米　1/16
字　　数　225千字
印　　张　20
版　　次　2022年11月第1版　2022年11月第1次印刷
书　　号　ISBN 978-7-5638-3425-9
定　　价　72.80元

推荐序1

“元宇宙”作为时代热词在短短一年时间内令人耳熟能详，可见其的确是一种不可小觑的科技能量。不知不觉中，全球元宇宙发展已经进入加速状态，似乎每个与元宇宙扯上关系的人、物或组织都得到了能量加持，元宇宙正逐渐升级为时代新风口。

作为一名拥有十几年媒体经验与创业投资经验的经济学者，我曾深度剖析互联网时代的变革与发展，但从未看到哪种科技能量可以如元宇宙一般令人如此狂热。比如前几年改变互联网时代传播模式的自媒体，其特点是基于大众现有生活形态变更生活习惯与社交方式，而元宇宙却深深扎进大众生活基本观念与意识中，将人类生活认知、未来规划带入另外一条演进线。

不过转念一想，元宇宙拥有如此强大能量也无可厚非，毕竟它是AI、区块链、云计算、大数据、VR、数字孪生、边缘计算等多种前沿科技的结合产物，这些当代科技热点中的任意一种都能够引发产业变革，集合到一起自然能够颠覆人类的认知。

其实自2021年开始，我便频繁关注元宇宙发展，但仅凭时事热点我无法在脑海中拼凑出未来虚拟世界的完整版图，我也曾产生过解析元宇宙的想法，不过困于日常繁忙的工作未能付之于实际。不想好友三金先生捷足先登，这对我而言无疑是一份惊喜。收到三金先生为《元宇宙生态》作序的请求后，我认真品读了这本佳作，最大的感触是三金先生解读元宇宙的观点十分独到，他没有限于元宇宙新兴时期营造的表象，而从本质出发为读者清楚解读何谓元宇宙、何谓中国元宇宙、何谓元宇宙时代，这让我异常欣慰。

在《元宇宙生态》当中，我定位到现实世界与虚拟世界的数字通道，明晰了数字体验背后的广阔空间。对比当前大多数人、组织应用元宇宙的方法，我感觉《元宇宙生态》无疑是一本“元宇宙使用说明书”。因为元宇宙本就不是流量工具，不是产品创新、市场营销的噱头。元宇宙是平行真实世界的虚拟空间，我们身边的一切元素皆可“元宇宙”，人类的生活、日常工作、社交沟通都可以在这个世界进行，且获得更便捷、更高效、更惬意的沉浸式体验，这才是元宇宙的价值所在。

三金先生在《元宇宙生态》中讲明了这些道理，也提供了结合元宇宙、融入元宇宙、应用元宇宙的有效方法。想来这也是三金先生的亲身体验、真实总结。毕竟他有这方面的优势，他打造的“星迷宇宙”不正是元宇宙的缩影吗？难怪“星迷宇宙”能与上千位明星达成合作，并迅速成长为现象级产品，看来元宇宙的能量加持功不可没。

如今，元宇宙引领的科技未来已离我们越来越近，那么在这一关键节点我们应该如何迎接元宇宙、拥抱元宇宙呢？在此，我建议各位朋友一起品读《元宇宙生态》，相信大家可以从中找到属于自己的答案。理由非常简单，专业的人用专业的眼光从事专业的事，并获得了突出的专业成果。三金先生的所思所想、所作所为都已得到现实印证，这足以证明《元宇宙生态》是一部能够带来真实助益的佳作。

我相信在元宇宙与世界融合创新的窗口期，《元宇宙生态》将充分体现它的价值。相信各位朋友在《元宇宙生态》中能找到审视时代变化的正确角度，了解元宇宙为时代赋能的真实逻辑。把握住这些关键便等于把握了未来的趋势轨迹，在元宇宙时代大门打开的那一刻，我们也将大有作为。

冯大刚

36氪CEO、董事会联席主席

推荐序2

科技发展不断改变人类生活，产业变革在科技赋能下突飞猛进，其具代表性的产品创新科技应运而生，并在社会各领域渗透扩散，一个全新时代将随之到来，这正是世界演进的底层逻辑。

元宇宙作为新一代数字科技、信息科技的集合体，堪称当代创新科技代表，自元宇宙概念兴起后，工业生产、商业运营、产业进步、生活娱乐都受到深度影响，强大的社会发展动力由此爆发。如今，元宇宙已成为助推世界经济腾飞的科技引擎，短短一年时间内已转化为全球前沿产业的核心驱动力。在时代变革的关键阶段，三金先生深度剖析元宇宙本质、作用、价值及结合运用方式，编撰《元宇宙生态》一书，可谓贡献突出，这本著作对元宇宙时代加速到来有深远影响。

自互联网技术开创虚拟世界概念后，人类对平行世界的探索便不曾停止。时至今日，融合5G、AI、AR、VR、大数据、区块链等新一代数字信息技术的元宇宙，终于顺利打开了虚拟世界大门。在元宇宙搭建的数字通道下，人类可以进入虚实交互的虚拟世界，现实经济、传统产业在虚拟世界呈现出未来形态。无数人对元宇宙充满向往，但直至今日大众对虚拟世界的认知仍没有统一的概念。此时，三金先生的《元宇宙生态》从基础架构、运行逻辑、建设方法、组织特性等层面阐明了元宇宙的特点，引领大众对元宇宙的想象不断清晰，这为未来元宇宙时代的健康发展打下了坚实基础。

在《元宇宙生态》当中，我清楚了解到新一代信息技术与数字技术的作用与价值，并清楚感受到元宇宙为相关产业发展带来的丰富机遇与广袤空间。比如《元宇宙生态》指出，5G技术是虚实数据交互的范围保障，是人类随时随地进入虚拟世界的科技钥匙；区块链技术是元宇宙资产确权的主要工具，虚拟世界价值体系及商业机制由区块链技术支撑；AR、VR技术是人类在虚拟世界享受沉浸式体验的技术保障，随着AR、VR技术的发展，元宇宙面貌将更加清晰。

2022年之后，全球各国开始加大力度布局元宇宙发展，元宇宙以时代风向标身份开辟出一个个众人竞相攀登的经济高地。作为元宇宙领域从业者及开创者，三金先生成功打造了一个属于中国创造者的元宇宙平台——星迷宇宙。他能够将自己的经验、从业感悟及时通过《元宇宙生态》分享给更多朋友，的确难能可贵。细细读过《元宇宙生态》之后，我感觉无数人可以从中获得帮助，因为这是三金先生在元宇宙实践探索过程中不断有所斩获的精辟总结。

在此，我真心为各位朋友推荐三金先生的心血力作，也感谢他将复杂虚幻的元宇宙以条理清晰、通俗易懂的方式为大众细致讲解。我相信《元宇宙生态》无论对行业相关人士还是圈外读者，都是一部优秀作品。它能够帮助大家快速理解元宇宙概念，掌握元宇宙思维，共筑元宇宙生态圈，从而享受元宇宙红利。

元宇宙时代高速到来已是不争事实，希望更多朋友提前做好充分准备，在《元宇宙生态》帮助下跟紧步伐，抓住机遇，在一个全新的数字世界、虚拟空间找到属于自己的元宇宙发展之路，踏上一段追逐梦想与未来的新旅程。

屈庆超

龙信数据创始人

推荐序3

最近不断参加各种有关元宇宙的研讨会，阅读各方学者讨论元宇宙的文章。《元宇宙生态》这本书一拿到手里，立刻就能发现与那些文字不同。这是一位实践家通过他的所知所感，在谋划元宇宙的未来。

作者开宗明义，将人类社会的本质定义为连接。他认为，个体正是通过连接，在信息网络中获得关键位置，造成势能，才转变成价值。一个人社会地位高，其实就是他在网络连接中占据优势位置。而连接就需要技术手段，《元宇宙生态》从信鸽、烽火和呐喊，到电话电报，再到移动互联网，回顾了数千年来人类互相连接的技术是如何发展的，并将容纳在元宇宙里面的新技术视为这个发展的高级阶段。

元宇宙到底包含哪些技术，一般认为离不开区块链、交互技术和电子游戏，王鑫曾经在移动公司任职，亲历过移动互联网从悄然兴起到成为主流的全过程，他能深入浅出地介绍这些技术。同时，本书也强调人工智能、物联网和先进运算技术，它们能承载虚实融合这个大任务，而不仅仅是建成一个虚拟世界。

王鑫从游戏起家开始创业，但他却能超越游戏，看到元宇宙的本质。

王鑫认为：“我们所处的现实世界是元宇宙的物理来源，而元宇宙是世界在数字层面的进一步衍生。”这样来追溯元宇宙的历史，能让读者知道它不是无源之水，更不是最近才冒出来的新名词。

作者厘清了电子游戏和元宇宙的异同。业内一般认为，电子游戏是第一种具备元宇宙性质的产品。但是作者却认为，只有当电子游戏选择削弱竞争性和娱乐性，转向追求仿真性后，才具备元宇宙的特点。因为在这种游戏里，玩家可以分工合作，交换资源、自由创作，甚至形成一定的社会规范和制度，相当于在数字世界里建设一个“虚拟世界”，而不只是打怪升级，获得“被安排”的快乐。所以，本书把林登实验室设计的《第二人生》看成是首个现象级虚拟世界游戏。

像每本元宇宙基础读物一样，作者介绍了元宇宙的八要素，包括身份性、社交性、沉浸感、低延迟、多样性、开放性、经济性和文明性。作者将它们统称为“八重门”，总结非常到位，也有利于传播。

不仅着眼娱乐，《元宇宙生态》更探讨了元宇宙的工具价值，通过设计不同的应用场景，模拟不同的物理特征，元宇宙可以模拟解决现实中难以解决的问题，如航天、医疗和教育方面的难题，它可以给很多行业带来提升。

除了理论探讨，王鑫还总结了他本人的元宇宙实践。他创办的分享时代从2014年就开始收集明星IP，2018年又推出了“星迷宇宙”品牌，已经有上百个IP库存。然而，他不是针对这些IP进行收费转让，而是把它们向公众开放，让大家一起围绕它们进行创造。表面看来不收费，实际上是在集大家之力，建立更大规模、更具创意，当然也更有商业价值的星迷宇宙。

这样一来，王鑫就创造了与漫威和DC完全不同的超级英雄体系。那些体系是集中式的，用虚构形象来“吸粉”。“星迷宇宙”则从早期的“全明星演绎超级英雄漫画比赛”活动开始就走分布式道路，不是吸引大家崇拜，而是吸引大家一起创造。所以，早在“元宇宙”这个词还没有流行时，星迷宇宙就已经是一款具备元宇宙特点的产品。

不仅如此，所有入选明星都是真人，甚至包括一些科技名人，完全有别于漫威和DC那些虚构角色。这些形象立足于与现实的连接，能注入民族性和世界性的优秀文化价值观，为用户提供强烈的归属感。以此为平台，“星迷宇宙”力求在传统文化母体上进行创造，输出文化软实力。

“星迷宇宙”的这些角色原型在现实中未必有交集，但当他们在虚拟世界里建立互动关系后，也会影响到他们在现实社会中的关系。普通人也可以通过“捏脸”建立虚拟形象，进入“星迷宇宙”和名人互动。甚至，它有可能产生“捏脸师”这样一个新职业。

在实践基础上，作者大胆设想，想象力和创造力将成为元宇宙的主要生产力，企业和组织主要为创造者服务，提供素材与平台。这既是作者的逻辑分析，也是分享时代十年来的运营体会。

期待在不久的将来，一个完全有中国特色的超英体系就会从这个元宇宙中诞生。

郑　军

科幻文学作家、世界华语科幻星云奖得主

前　言

自由元宇宙与星迷世界

人类是向往自由的生灵。

远古时期，人类在白昼时为了生存和野兽搏斗，但到了夜晚，人们却总会将眼眸投向浩瀚星空，畅想宇宙的自由。

中古时期，无数传说神话、英雄故事，诠释着人们对探险的渴望、对未知的好奇，满足了人们想象的自由。

近代，不断向前发展的科学理论，推动全世界走过一次又一次技术革命，人们在见证物质生活日渐美好的同时，也逐步解放了身体和灵魂……

千百年来，对无尽空间的深度探索让我们加深了对宇宙的认知与理解，也让我们越发感觉宇宙如此广袤与神秘，所以越来越多的人对宇宙深处的探秘保持着强烈渴望。

如今，互联网让人们获得了更多的表达自由、交易自由，从WEB1.0到WEB3.0时代，人们面对的机遇源源不断。而在更新一代的互联网平台上，人们将拥有更多的自由权利。在那里，每个人都能定义自身的“虚拟角色”，并将其重要性提升到和现实角色同等的程度。在那里，每个人都能为自己书写一段新的人生体验，而不只是被现实生活环境所束缚。在那里，人们能自由地穿梭在不同时空，去认识不同的英雄人物和了解他们的传奇故事。在那里，人们可以畅快地发挥个人天赋能力，无论是绘画、写作、设计，还是音乐、舞蹈、体育……即便你在现实中没有机会参与类似工作，也能在虚拟数字世界里一展宏图。

这就是我们说的元宇宙。

元宇宙能够在虚拟空间复刻人类价值观、思想创意、技术特色、经济模式以及物理模型，它是一个不亚于现实宇宙的新世界。

不过目前大多数人对元宇宙的认知、理解存在不足与误区。很多人认为，元宇宙是互联网发展的一种形态，甚至部分人将元宇宙与网络游戏画上等号。我觉得这类认知过于片面与局限，元宇宙的确需要互联网技术支撑，很多知名的网络游戏也的确属于元宇宙的一种表现形式，但这些都不能代表元宇宙的全部。

试问，以往互联网打造的虚拟世界能够与现实世界完全平行吗？网络游戏的虚拟人物能够按照每一位用户的面貌设计吗？

所以说，元宇宙与传统互联网、网络游戏存在巨大差别，这个世界为我们带来的是超越常规认知的全新空间。

对个人而言，元宇宙将带来各种新的生活、学习和工作体验，甚至重新定义我们的人生。对社会而言，元宇宙会赋予人类更多自由。在这里，人类能借助技术进步，走进新的发展空间，通过形象重塑、数字经济、数字产权、数字文化、数字产业等变革，极大地推动人性的解放、经济的腾飞。在元宇宙，人人都是创造者，同时人人也是受益者，元宇宙不仅能让人们自由发挥天性，也能让人们自由变现财富。

我坚信，元宇宙一定是一个开放、自由的世界，所有人都可以成为这个全新世界的创造者，且随着越来越多的人入驻，元宇宙将会与现实世界、与大众生活深度融合，甚至可以说，人类将进入一个元宇宙时代。

其实这种发展趋势已经十分明显，Facebook改名Meta，谷歌公司设立秘密项目研发虚拟现实设备，苹果公司发布第二代AR/MR头部显示器……全球商业巨头的一些战略决策足以证明，元宇宙是我们即将迎接的一个全新风口。

我非常庆幸自己能够及时感知这一时代动态，因为我发现元宇宙是我实现长久以来最大梦想的关键契机。我从小便立志要打造一个媲美迪士尼的东方乐园，更希望它能够影响无数人的人生观与价值观，在这个乐园中学会勇敢、善良、分享与包容。如今元宇宙给了我实现梦想的绝佳机遇，借助元宇宙力量，我将自己的梦想复刻到虚拟世界当中，打造了一个自由元宇宙泛娱乐社交平台——星迷宇宙。

可以说“星迷宇宙”既是我梦想的展现，也是我对元宇宙的一种诠释。我正在努力将其构建为一个共建、共融、共享、共赢的全新虚拟世界，让更多人参与其中，体验一个独具奇幻色彩的东方迪士尼。

总体而言，我打造的“星迷宇宙”具有三个特点。

第一，重塑乐园基建“定义”。

“星迷宇宙”所展现的元宇宙是“自由元宇宙”。它将是一个涵盖“社交＋娱乐＋内容＋经济”等多种内容的分布式元宇宙泛娱乐共享虚拟平台，在“星迷宇宙”当中，我们可以真正体验到足不出户编写游戏、拍电影、创造美术作品、创造音乐的快感。

第二，打通现实世界的引流渠道。

“星迷宇宙”不仅是一个造梦空间，更是一个与现实世界实时连接、高频互动的世界。为确保这种效果，“星迷宇宙”与璟阁餐厅、艺咖数字艺术、集美家居、豹变学院等不同领域的品牌携手，并与刘涛、任泉、陈赫、林更新、杜海涛、刘璇、霍华德、杨威、安琥、程爽、邢傲伟、张蓝心、王蓉、老猫、王广成等上千位明星、名人合作，努力提高“星迷宇宙”与现实世界的融合程度，让“星迷宇宙”的用户获得颠覆以往认知的生活体验。

如今，“星迷宇宙”已经吸引超3 000万粉丝，并努力以沉浸式创造感和体验感扩大引流渠道，吸引更多造梦者的入驻。

第三，打通现实世界的转化渠道。

我之所以说“星迷宇宙”能够成为一种生活方式，正是因为其具有通畅的现实世界转化渠道。首先，我与公司决定为“星迷宇宙”的用户提供上亿元的元宇宙基金，希望以此引爆一个“星迷宇宙创造者派对”。其次，我还将帮助更多“星迷宇宙”用户变现。比如，2022年我设定的目标是帮助1万个“星迷宇宙”开发者创造更优质产品，同时实现价值转化，让这些优秀创造者展现价值的同时获取真实利益，这也是“星迷宇宙”的一大亮点。

相信从“星迷宇宙”当中，无数人可以深度感受到自由元宇宙的魅力，真实体验这一虚拟世界的乐趣与价值。我希望“星迷宇宙”能够成为更多人进入元宇宙的一大优质入口，利用“星迷宇宙”的力量帮助更多人掌握元宇宙思维，达成元宇宙共识，从而收获更多时代变革时分发的红利。

地球上丰富多彩的文明，诞生于每一代人的艰苦劳动，人类从受制于自然因素的蒙昧时代，逐渐走向自由发展的现代社会。即将到来的元宇宙是人类现实世界在数字空间里更美好的虚拟产物。今天的它，只是刚刚诞生的种子，等待着心血和汗水的浇灌。

元宇宙已经深度浸入我们的世界，生活中的元宇宙元素正在成倍增长。与其被动接受时代的改变，不如主动拥抱这种趋势。如果有人依然对元宇宙毫无头绪，不妨来体验下“星迷宇宙”创造的虚拟空间，看一看本书对自由元宇宙的讲解，相信你们一定可以顺利成长为元宇宙的“原住民”。

目 录

第1章 重构世界 世间万物皆为数字之相 / 001

01 起源 | 元宇宙的真相与假面 / 002

02 趋势 | 镜像世界与孪生世界 / 008

03 本质 | 连接、进化与颠覆 / 015

04 载体 | 元宇宙是融合的现实 / 020

05 融入 | 如何以正确姿势进入元宇宙 / 026

06 数字通证 | 数字化时代的权利与价值 / 032

07 虚拟数字人 | 技术整合与场景数智化需求的“双向奔赴” / 037

第2章 人人参与 元宇宙里的生命与财富 / 043

01 想象 | 元宇宙再造人类的想象 / 044

02 升维 | 元宇宙是认知世界的新方式 / 049

03 融合 | 如何打破生物与数字的界限 / 054

04 发展 | 我们需要新的生存时空 / 060

05 乐土 | 精神世界才是人类的归途 / 064

第3章 数字资产 元宇宙如何保护和颠覆现实 / 071

01 孪生 | 数字资产与实物资产的相伴共存 / 072

02 平权 | 价值分配实现按贡献分配 / 077

03 创造 | 每个人自身就是最大的数字资产 / 081

04 值钱 | 数字藏品的巨大红利 / 086

05 财富 | 数字资产会引爆财富增长 / 092

06 经济 | 创造全球经济的新蓄水池 / 097

第4章 万物IP化 鲜明的人格塑造万物的灵魂 / 101

01 形象 | 你的IP就是你的资产 / 102

02 人格 | 独一无二且可控的另一个你 / 107

03 身份 | 元宇宙里的角色适配与变化 / 113

04 关系 | 现实关系与元宇宙关系孪生 / 117

05 商业 | 内容的生产者与消费者交叉融合 / 121

第5章 共享共创 每个人都是伟大的创造者 / 129

01 共享 | 跨链共享打破孤岛效应 / 130

02 共用 | 资源共享实现共同富裕 / 134

03 共创 | 元宇宙里人人都是创造者 / 137

04 共建 | 元宇宙的居民都是建设者 / 140

05 共存 | 元宇宙里的工作将更自由 / 144

06 共和（共荣、共势、共进）| 元宇宙里的环境将更和谐 / 149

第6章 文化引领 充分的精神供给滋养人类 / 153

01 艺术 | 数字艺术藏品如何通过NFT价值倍增 / 154

02 文学 | 人人都是“星迷宇宙”的创造者 / 158

03 娱乐 | 沉浸式体验将改变传统娱乐方式 / 161

04 文化 | 文化输出的绝佳机会 / 165

05 传承 | 文化母体的年轻化创新表达 / 168

06 创新 | 梦想世界的完美呈现 / 174

第7章 产业布局 元宇宙是多重产业的完美融合 / 179

01 阴阳 | 基建和软件的完美融合才能成就元宇宙 / 180

02 交叉 | 产业跨界与产业界限的逐渐消失 / 186

03 扩展 | 边界扩展后，元宇宙将会诞生哪些新产业 / 190

04 金融 | 实现金融普惠与金融智能化 / 195

05 科技 | 技术的飞跃将加速元宇宙的发展 / 199

06 商业 | 精神消费的井喷式发展 / 204

07 教育 | 个性化教育与普适教育的春天 / 207

08 医疗 | DAO看病解决极大医疗难题 / 212

第8章 组织重构 元宇宙中的企业如何生存 / 217

01 垂直 | 细分领域的专业价值更值钱 / 218

02 服务 | 所有的消费都将变成服务消费 / 225

03 连接 | 社交、办公的连接将更加虚拟化 / 229

04 营销 | 圈层化消费需要新的营销方式 / 232

05 “岛” | 自驱动的组织协同与付出 / 236

06 未来 | Web3.0时代的智能网络与智能个体 / 242

第9章　原住民　如何参与到元宇宙中　/ 247

01　游戏 | 如何成为元宇宙的头号玩家　/ 248

02　社交 | 捏脸和买地你想要哪个　/ 254

03　创造 | 你的每一个创意都可以NFT　/ 258

04　创业 | 如何找到你在元宇宙的生态位　/ 262

05　资产 | 在元宇宙里如何变现和投资　/ 266

第10章　国家行动　元宇宙的国家发展与竞争　/ 271

01　中国的元宇宙国家行动　/ 272

02　欧美的元宇宙国家行动　/ 278

03　其他国家的元宇宙国家行动　/ 280

04　元宇宙的未来走向哪里　/ 284

后记　“星迷宇宙”的未来　/ 291

第 1 章

重构世界　世间万物皆为数字之相

数千年前，“元亨利贞”四个大字，开启了《周易》的智慧。“大哉乾元，万物资始。”元，为大、为始，为万物的萌生之境。

数千年后，2021年以“元宇宙年”之名，记入人类互联网产业历史。

“元宇宙”（metaverse），即另一个宇宙的初始，也是对这个宇宙的重构和超越。它并非什么网红词语、新鲜概念，它从无到有、从小到大，从不被人所熟悉，到为全世界所周知，经历了无数人孜孜不倦的思考、体验和努力。

元宇宙从何而来，又向何而去？本章将揭开故事的序幕。

01 起源丨元宇宙的真相与假面

真正的元宇宙一定是有无限想象的自由元宇宙。

——三金先生

历史学家罗伯特·贝拉曾说过："没有人能完全地生活在日常和现实中。人总要采用不同的方式，哪怕只是短暂地离开现实。"

2018年，美国科幻电影《头号玩家》上映。它讲述的是一个离开现实的故事。

2045年，少年韦德·沃兹身在贫民窟，但却在名为"绿洲"的虚拟世界里如鱼得水。

韦德是如何进入“绿洲”的呢？彼时，数字技术的发展，让虚拟现实（Virtual Reality，VR）装备、超纤维传感器设备服装变得不再昂贵，普通人都能进入“绿洲”。在这里，他们能选择在数千个星球中来回穿梭、社交，可以和蝙蝠侠攀登珠穆朗玛峰，可以在金字塔上滑雪，可以组装自己的车库、装备，可以作战、打怪，也能像普通人那样交友、离婚、结婚，当然同样能凭借实力获得游戏中的金币，从而拥有更好的体验……这一切都毫无危险。即便角色死亡，也只是等级归零，从头开始。

在现实中，韦德只是贫民区的普通人，他害羞、孤僻，但在“绿洲”，他是自信勇敢的超级英雄，是万众瞩目的明星。

你或许恍然大悟：元宇宙就是这个啊？那不就是网络游戏嘛！不就是教人脱离现实嘛！

如果你这样想，显然就大错特错了。

事实上，所有针对元宇宙的不解、质疑和批评，很大程度上都是源于类似的误解。许多人（甚至包括一些真正的知识精英）都曾认为，元宇宙是“精神鸦片”，是穷人的“麻醉剂”，或者是“有未来无技术”的幻想……

元宇宙的确长了一副游戏的“假面”，但那却并非其全部的真相。

必须承认，当下科学界提出的元宇宙概念，其很多特征理念，确实来源于游戏。从有互联网以来，游戏都在致力于创造人类的另一个世界。

1979年，人类出现了第一个文字交互游戏，让不同用户通过联网相互连接，形成实时、开放、合作的社交体系。1986年，首个2D图形界面的多人在线游戏诞生。此后，又陆续出现了各种大型多人在线3D游戏，让不同用户在同一个游戏世界中进行交流、合作、互动成为可能。

然而，用游戏创造虚拟世界，本就是经过折中的方案。

20世纪八九十年代，数字技术突飞猛进，虚拟现实技术已被提上开发日程。相关的文学作品不断撩拨着人类的神经，最先提出“元宇宙”概念的《雪崩》就是其中的典型。在文字、艺术和技术的刺激下，很多人相信，不久以后，人类就能戴上VR眼镜去面对虚拟的互联网世界，在那里社交、工作甚至生活。

在当时，这些想法与现实相比太过超前了。无论是计算机硬件还是网络软件，都支撑不起如此庞大的想象。于是，人们开始寻找另一个途径：游戏。

果然，多人在线3D游戏兴起后，有一些游戏主动选择削弱竞争性、娱乐性，而转为仿真性。玩家在其中有很大的自主性，比如分工合作、交换资源，甚至形成社会规范和制度。这一切都如同将真实世界搬到了互联网中。这类游戏的影响逐渐扩大，被称为“虚拟世界”。

2003年出现的《第二人生》(Second Life)，是全世界首个现象级虚拟世界游戏。

《第二人生》由林登实验室推出。该游戏最初为玩家提供的只是“空间”，在电脑屏幕里茫茫无垠的虚拟土地上，想要建造什么、运行什么，一切都由登录游戏的玩家决定。林登实验室对外宣布，《第二人生》并非传统意义上的游戏，这里没有刻意制造的冲突、人为设定的目标，玩家可以像在生活中那样自由选择目标。

玩家们发现，自己可以在《第二人生》上制造、购物、经商、社交。游戏里有特定的货币“林登币”（Linden Dollar），可以通过一定汇率，兑换现实中的法定货币。玩家也可以在游戏中进行出售和交换，再赚取财富。一位叫Anshe Chung的玩家，甚至通过“炒房”，在两年时间内通过《第二人生》赢得了百万美元资产。

全世界都注意到了《第二人生》。此时，推特（Twitter）尚未诞生，西方媒体如BBC、路透社、CNN等，都将这款游戏所在的平台当作发布平台。IBM还在这里购买了虚拟地产，销售产品。瑞典等国甚至在游戏中建立了大使馆，而西班牙的政党则在这里进行公开辩论。

林登实验室的创始人菲利普·罗斯代尔认为，并不是每个游戏都要有任务剧本。虽然用户能在升级打怪的游玩过程中找到快乐，但从本质上看，这些快乐都是被安排好的，是流程化的，用户没有多少能参与自由设计和开发的空间。正因如此，他才希望创造一个更自由的虚拟世界。

林登实验室确实做到了，隐藏着真相的种子，从《第二人生》这片土壤萌芽生长。正如萧伯纳所说：“我们并非因老去而停止娱乐，而是因停止娱乐而老去。”当人们从《第二人生》这类非典型游戏中感受着虚拟世界的乐趣时，真正的元宇宙还只是一个胚胎。

元宇宙曾被隐藏在游戏中，但它不是游戏，甚至也不只是单纯的数字虚拟技术成果。我们所处的现实世界，是元宇宙的物理来源，而元宇宙是世界在数字层面的进一步衍生。未来的世界，将是虚实相互共存、数字与物理共融的庞大世界！

在这样的世界里，元宇宙将为人们提供一个虚拟的数字化时空，并具备八重要素，即如图1-1所示的元宇宙的“八重门”。

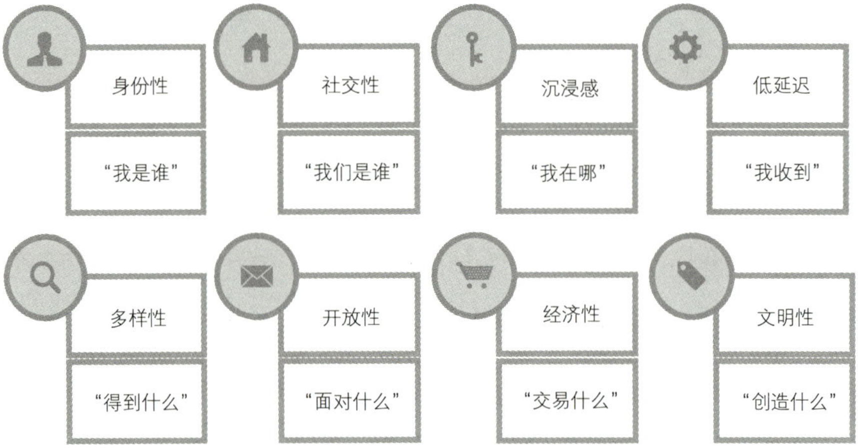

图1-1 元宇宙的“八重门”

一是身份性。我们在真实世界各有身份，在元宇宙，我们也会有一个“化身”。它可以与真实身份有所联系，也可以毫无关联。在当年的好莱坞电影《阿凡达》中，“阿凡达”（Avatar）就是“化身”的意思，而这个词最早出于《雪崩》。“化身”甚至可能不是人，而是动物、花草、家具、车辆或者建筑物。

二是社交性。元宇宙不可能是为少数人设计和建造的，它将最终为全人类而设置。因此，它具有极强的社交功能性。每个人都会在元宇宙内拥有新的社交圈子，获得新的体验。

三是沉浸感。2021年的游戏测评中，我们越来越多地听到沉浸感这个词。其实，在阅读书籍、观看影视作品时，我们同样也可以获得沉浸感。但元宇宙的沉浸感与此不同，它并非事先被剧情或者游戏代码所决定，而是随着个人对虚拟身份的认同逐渐加深。换言之，元宇宙的沉浸感将由体验者自我创造。

四是低延迟。信息技术发展至今，延迟问题始终存在，任何数据从客户端传送到服务器再返回，都会形成一定延迟。延迟越低，网络状态就越好，用户的体验也就越好。在目前的元宇宙类游戏中，Roblox（罗布乐思）的低延迟效果最好，但很大原因在于其所有画面元素都只是像素级别的，数据计算和传输量相对较少。

五是多样性。元宇宙不只是为了娱乐而诞生的虚拟世界，其意义和价值更多体现为丰富多彩的多样性。它是多元的、自由的，其内部有纷纭复杂的互动联通关系，而其同真实世界的交互可谓浩瀚广博。如此，元宇宙才能真正发挥作用，让人类的生活更充实、更美好；否则，它将失去意义。

六是开放性。在未来，人们应能随时、随地、不受限制地利用终端，进入元宇宙。因此，真正的元宇宙并非为任何一个企业、国家所独有，而是如同今天的互联网那样足够开放。这种开放性表现在用户能自由加入、展开互动，同时也表现在能向第三方开发者和机构开放技术接口，便于它们为元宇宙添加更多精彩内容或服务。

七是经济性。元宇宙必须拥有一套经济系统，以维持和发展其运作。这套经济系统不仅要在其内部健康运作，还应能将虚拟和现实加以对接，即用户在现实中的货币财产，能变成元宇宙的虚拟资产，反之亦然。

八是文明性。元宇宙要有丰富的内容或服务，应围绕用户人群的生活、学习、工作和娱乐的需求，建立起充满活力的文明生态。其中，每个用户既是生态的贡献者、维护者，又是生态的保护者和获益者。简而言之，元宇宙要演化出必要而充分的文明规则，同时也不悖于现实世界中的法治与道德底线。

迈入“八重门”，人类才能戳穿元宇宙的假面，直击其全部真相。

02 趋势 | 镜像世界与孪生世界

> 未来，所有公司都是元宇宙公司。
>
> ——三金先生

元宇宙是未来的互联网，但它不再是你曾知道的互联网。

元宇宙将是崭新的、世界范围的互联网系统，那里有各类用户、网络和终端，组成无时不在、无处不在的虚拟现实。它同现实世界相互对接、共同存在，它既是现实的镜像世界，也同样是现实的孪生世界。

在人类文明的历史长河中，许多中西方哲学家都对虚拟与现实的融合进行过深入讨论。回顾历史，能有效地帮助我们去理解元宇宙的必然发展趋势。

《庄子·齐物论》中有一个经典寓言。

有一天，庄周做梦，梦见自己化身成为蝴蝶。蝴蝶轻轻挥动翅膀，迎风飞舞。等梦醒之时，他才发现自己还是庄周。

问题来了：究竟哪一个自我才是梦？是庄周在梦中变成了蝴蝶，还是蝴蝶进入梦境，成了庄周？

两千多年前，我国的先哲就针对虚拟与现实之间的分界进行了深刻思考，并进一步上升为哲学层面的思辨：人类体验到的世界究竟是真实的还是虚幻的？庄子给出的答案是齐物论，即人和物是一样的，梦境和现实是一样的。

庄子能提出这样的问题，显然超越了他所处的时代，但他给出的答案好像又并不那么让人满意。

果然，人类随后又向世界发出了一次次询问。

笛卡尔说，如果有恶魔能改变我们的感官体验，那么我们该如何知道，自己没有被恶魔欺骗？

此后，又出现了“缸中之脑”假说，该假说认为，既然大脑的感受来自脑部区域的电信号传递，那么理论上可以认为，一个人的大脑能脱离躯体，被培养在有营养液的缸中，再连接计算机，获得电信号，产生所有的生活体验。这样的大脑，会不会认为，自己依然是实际活着的人？

在人类做出的所有思考探索中，都假设存在着和真实世界息息相关的世界。其中一种世界，是对真实世界的完全复制，比如“缸中之脑”，即镜像世界。而另一种，则是有所独立的，是对真实世界模仿基础上的创造和预测，比如“庄周梦蝶”和“笛卡尔恶魔”，即孪生世界。

镜像世界，顾名思义，就是将现实空间的所有信息、元素一成不变地映射到数字空间。这样做，不只是为了完成对现实世界的“搬运”，而且是为了在数字空间能更高效地完成信息处理与分析，形成增强现实。

要知道，在现实空间中，我们眼睛看到的、耳朵听到的、鼻子闻到的任何信息，通过大脑的反馈机制，都能完成接收和分析。但是，如果想要围绕这些信息进行更深层次的研究、更高效能的体验，人类在物理世界层面就会举步维艰了。

一朵鲜花，我们利用嗅觉可以感受到花的香味，用视觉感受到花的颜色。然而，如果想要让花开得更艳丽，或是散发出不同层次的气息，依靠目前的培育技术，实现起来既烦琐也缓慢。

但是，通过元宇宙的镜像世界功能，就可以利用各类数字技术，对花朵有关的信息进行高效的处理，迅速向用户提供更好的体验感受。

镜像世界并非单纯的虚拟空间，而是虚拟空间与增强现实的载体。虽然映射现实，但本质上却能超越现实。所谓的“超越”，是侧重于信息传递和处理效率的超越。

2021年4月，英伟达公司举行了一场线上发布会。大屏幕上，公司总裁黄仁勋站在自家的厨房里，向观众们介绍了英伟达将推出的各类先进技术。这场发布会过去四个多月后，英伟达官方宣布，整个视频都是“假”的，从厨房背景，到黄仁勋本人，都完全是数字虚拟产品。英伟达公司的这场视频发布会，骗过了整个世界。

英伟达的数码发布会，完美演示出什么是镜像世界，里面所有的人、物，甚至精细到人物的每一个表情、动作，都是数字的产物。

在国内，互联网巨头网易积极开拓镜像世界的应用场景，不仅联合美国直播公司Maestro打造了虚拟交互式演唱会，还开发了能设置多种风格活动场地的虚拟会议系统“瑶台”。腾讯、百度等企业，也在不断布局AI技术，提供元宇宙的各种解决方案。尤其是腾讯推出的数字孪生城市解决方案City Base，不仅解决了镜像世界的数据互通问题，还实现了在多个领域的应用。

在镜像世界里，企业能更方便地展示产品和服务，还能营造出对消费者来说更具吸引力的场景，以此达到营销目的。因此，镜像世界的规模跟我们现实世界的物理大小并不同，我们可以将其理解成无数种可能现实的集合，其规模是无限大的。

镜像世界不仅能为用户个人和大企业服务，也能为更广泛的中小企业创造价值。

例如，旅行社可以进入元宇宙的镜像世界，购买热门旅游景点镜像内容访问权。在获得访问权之后，旅行社可以在这些虚拟旅游景点内设置自己的展台、标语甚至虚拟导游，向所有到访的用户进行主题营销，让更多潜在客户对真实的景点产生兴趣，从而最高效地完成产品推荐、客户引流等工作。

与镜像世界类似，孪生世界的底层支撑同为数字信息技术，但两者也有区别：镜像世界侧重于构建独立虚拟空间，或者说是与现实世界完全对称的原生社会；而孪生世界是对现实模型一比一仿真后，通过实时信息处理与虚拟模型演示，达成高精度运行预测的结果。

依托5G通信的低延迟性能，元宇宙的孪生世界已能实现突破时空的企业管理效能，数字车间、智慧园区正是孪生世界的产物。

数字车间是通过高精度传感器与物联网、人工智能、5G通信等技术，将现实空间的生产过程进行三维仿真，再利用可视化技术实现产品生产、制造，以及检测整个生命周期的管理。在孪生世界内，所有物理实体都是数字的产物，操作者可以随时随地掌握产品的状态、性能等相关信息并做出最优的调整。因此，孪生世界的出现，为产品的质量检测与技术迭代提供了更高效的平台。

“万物互联”概念的出现，为孪生城市提供了更丰富的应用场景。

结合物联网技术和三维仿真技术，可以在多个数字车间基础上，进一步实现规模产业的信息管理，构建物理实体与孪生世界实时互通的智慧园区。

智慧园区可以通过分析生产过程，利用三维仿真技术对多个系统因素进行重组，提高整个产品生命周期的效率，以实现园区的最佳运行模式。

智慧园区可以看作数字车间的升级产物，但其重心在于实现资源的合理配置。

孪生世界可以不受现实世界中一般规律的限制，其总体资产是可新增、可创造的。因此，孪生世界又可以被看成数字资产价值的叠加，其不仅拥有与现实联通的完整经济系统，也能极大扩展人类的资源总量。

元宇宙方兴未艾，其发展趋势是将三维空间的所有事物进行数字化。在孪生世界里，我们除了知道它属虚拟之外，其他一切感受都与现实世界完全相同。在此基础上，根据不同场景的需要，人们可以发挥想象力，制造出超越现实的平行宇宙，模拟不同的世界特征，用来解决现实世界中难以解决的问题。

现实世界里，航空航天设备的检测与研发成本特别高，而且受时间地点的限制，如果要评估航空航天设备在极端环境下的反应更是难上加难。但在元宇宙内，任何因素的变化都可模拟实现，大大降低了研发成本和时间，对于促进相关行业的发展具有重要意义。

无论是镜像世界，还是孪生世界，都揭示了元宇宙的特征，即对人类感官体验的全面、高度数字化。当我们的所见、所嗅、所听、所感都能被数字技术充分虚拟后，虚拟与现实的差异将不再是天堑鸿沟，而是如同一片树叶的两面。

为了突破使用场景的限制，成就更好的沉浸体验和更丰富的用户内容，元宇宙发展的趋势集中在算力和普适度两个方面。

虚拟空间内，所有事物都以数据的形式存在，这对元宇宙的算力是极大的挑战，算力升级将有效改善信息复杂度高的问题。在此基础上，算力升级将极大地提升元宇宙的自动化、智能化、数字化水平，元宇宙不再是专家学者才能使用的工具，每个人都能随心所欲地使用。

普适度方面则进一步依赖于智能设备、VR设备的普及。随着产业技术的成熟，规模化生产得以实现，这使得相关设备的售价大大降低，各大手机厂商甚至已经把进入元宇宙的门槛逐步降低至“千元机”水平。当元宇宙的渗透率提升和VR得到普及时，新一轮的产业探索也将造就更多帮助人类通向虚拟世界的独角兽企业。

而这一切，都会让元宇宙内的镜像世界与孪生世界变得更加美好。

03 本质丨连接、进化与颠覆

脑机在一定时间内会是我们进入元宇宙的最佳入口，也是物联网到智联网转变的关键节点。神经与AI的结合，会改变人类愿景。

——三金先生

个体之间的相互连接，是人类社会得以不断进步的重要原因。没有互联网之前，有电话、广播、邮政这样的连接方式，而更早的连接，则通过信鸽、烽火、篝火乃至呐喊完成。无论个人、组织还是国家，谁掌控了连接，谁就能获得信息网络内的关键位置，再将位置带来的势能转变成资源和价值。

历史发展到今天，连接的范围、形式和目的，是根据个人具体需要而确定的。你可以将不为人知的心事向朋友吐露，也可以通过互联网收看一场电子竞技比赛，或者通过朋友圈发布招聘广告……通过不同类型的连接方法，达成不同目的，获取不同收益。

曾几何时，人们的连接方法少而简单，是技术的进步在不断推进着连接的进化。有了平直的公路，才有了邮政系统。有了电力技术，才有了电报。有了电信技术，才有了手机。有了超大规模集成电路，才有了电脑。

当移动互联网诞生后，世界上原有的连接方法体系，全部遭遇了暴风骤雨的颠覆。

20世纪八九十年代开始，全球互联网产业萌芽。个人电脑之间通过互联网，能实现充分的共享、广泛的协作和即时的沟通，使得人与人的连接更为高效。

1980年，以太网技术出现。1990年，万维网问世。1994年，互联网被引入中国。那时，网络速度很慢，用户体验也很差，甚至连带图片的电子邮件也发不出去。随后，主打文字新闻的门户网站成为互联网主流服务内容。

门户网站将数十万、上百万的网民联系在一起，伴随着用户更高的连接要求，网站上开始出现了图片、音乐等内容，也出现了搜索引擎、社交、电商和视频等功能。

与此同时，移动互联网也在提升着连接效率。

1980年，摩托罗拉推出适合民用的“大哥大”移动通信终端，采用第一代移动通信系统（1G网络）。1991年，全球诞生了第二代移动通信系统（2G网络），手机从此可以通过WAP上网，尽管只能浏览文本信息，但却让连接形态更进一步。2000年，国际电信联盟公布了第三代移动通信系统（3G网络）。以此为号召，芯片、基带、网络、触摸屏等技术形成了共振。乔布斯把握到这一历史时机，天才地打造出苹果手机，开启了智能手机时代。

2013年，第四代移动通信系统（4G网络）出现，有力提升了通信速度，让移动终端能播放视频、进行网上购物。在4G时代，腾讯利用微信、阿里巴巴利用手机淘宝，分享到移动互联网大发展在中国的蛋糕。同样分享到这块蛋糕的还有美团、拼多多、今日头条这些后发先至的挑战者。

2018年，第五代移动通信系统（5G网络）推出，人、机、物互联的网络基础开始形成。在5G时代，谁又能成为新连接的领军者？

从互联网的发展历史来看，它不断帮助人类超越时空局限，由于相关技术的各项成本不断降低，文本、语音、图片、视频等内容的生产和传递，几乎不再受到经济制约，并引起了一系列的连锁变化。这些变化促进着人类社会海量数据的生成、交换和处理，颠覆了原先任何一种连接工具，当然，也在不断颠覆互联网本身。

与传统连接效果相比，互联网的连接效果，体现出明显的指数级增长特征。在书信时代，连接是“1对1”的；在广播、电视、报纸时代，连接是“1对N”的；在互联网时代，连接才真正变成了“N对N”，而每一代新的互联网技术，都让“N对N”这张网变得更大、更快、更立体。

那么，问题来了：

当移动互联网称霸全球十余年之后，人类社会是否还会进化出新的互联网形态，对其进行挑战乃至颠覆？

答案是肯定的，那就是元宇宙。在它身后，离不开先进运算技术与智慧物联网技术。这两大类技术可以让人与物、物与物之间的连接获得更为显著的进化。

智慧物联网包括两大组成部分，即物联网和人工智能。

物联网，是指能通过互联网相互联系的“物品”。这些物品并非指单独的电子装置，而是指任何承载了电子芯片传输功能的事物，包括家电、服装、汽车、公用设施等。

人工智能，即今天的“狭义人工智能”，是指能自动执行特定任务而无须人为输入的程序或系统。智慧物联网，则由人工智能与物联网技术结合而形成。正是通过人工智能的融入，物联网设备装置才拥有了更大计算能力。一旦类似的设备与物品能相互高效对接，即便没有人类的直接管理，物联网也能实现自动化连接运作。

智慧物联网是元宇宙不可或缺的重要基础设施，先进运算技术也同样如此。先进运算技术可以为元宇宙传递内容，提供强有力的支持。

元宇宙离不开各类图像表达，而这些都需要通过绘图来实现。

我们分享时代公司推出的星迷宇宙，之所以能赢得粉丝的心，最初就是从“全明星演绎超级英雄漫画比赛”等活动开始的。在活动中，很多绘画人才踊跃参加，展示出超前的艺术理念、高超的创作水平。正是他们，利用原创漫画创作，将真实明星的虚拟形象融入星迷宇宙，为这个虚拟宇宙带去丰富魅力，让更多人获得了沉浸体验感。

在未来的自由元宇宙里，图像显示更离不开计算机绘图。想要让计算机绘图水平达到较高的水准，就要将模型相关数据全部利用算法技术，渲染到每个像素级别。只有这样，画面才能真实、细腻，引发用户共鸣。如果画面中的人物有动作表现，还需要利用先进运算技术进一步结合光线变化，进行实时渲染，以保证用户能享受其中。

元宇宙的信息的创作和传递，将构成新的连接流程，这些都离不开先进运算技术的支持。这些信息不仅包括声音和画面，还包括各类高质量、多类型、专业强的体验内容。因此，先进运算技术又必须同人工智能、物联网结合，既能让人工智能参与内容的预算，也能赋予物联网更高的效率。

在最初的物联网中，各物品需要将资料发送到云端，才能完成信息连接。随着物品数量不断增加，这样的传输会导致数据延迟、引发问题。通过网络和运算技术升级，物联网获得了连续成长扩大的基础。

例如，边缘运算就是支持物联网不断进化的重要技术。边缘运算是对过去中心运算的颠覆，将运算重点放到了物联网的边际。通过具体设备对内容的分析判断，由它们确定哪些内容需要发送到云端，哪些内容不需要。这将让整个物联网系统的运算效率大大提高。

元宇宙是未来的互联网。有人将它称为全景互联网。它也有可能被称为另一个名字的互联网。但归根结底，它注定要建立在对已有连接的进化与颠覆上，也注定离不开先进运算、物联网和人工智能这三大技术的交融综合。

04 载体丨元宇宙是融合的现实

区块链、交互技术和电子游戏技术，是元宇宙承载融合现实的重要技术基础，它们能共同为元宇宙的建设者、创作者提供方便快捷的工具，让更多人参与到元宇宙的发展建设中。

——三金先生

人工智能、物联网和先进运算等技术，是元宇宙连接、进化与颠覆的技术基础，而这些技术基础承载的则是与虚拟融合的现实。

一直以来，互联网的连接形态随着技术革新而不断进化，互联网的内容也同样在不断演化中。

20世纪80年代，少数人开始使用个人电脑，到90年代，个人电脑开始普及并兴盛。在这一阶段，门户网站、BBS、电子邮件、搜索引擎等大行其道。

2007年，苹果手机代表智能手机发出第一声呐喊，人们开始随时随地进行互联网连接，接受服务、分享资源。作为固定终端的个人电脑，在互联网连接中的核心位置被动摇了。此时，智能手机的出现如同在池塘中扔下一块石子，引发不断扩大的涟漪效应，导致互联网内容发生变更。智能手机与用户个人更为紧密地绑定，意味着用户随时随地都能实现网络连接，因此，互联网内容更强调个性化、实时化乃至去中心化。

未来，元宇宙内容将浩如烟海，相关的建设工作致力于将现实更大程度地投入互联网，以形成新的体验内容，这离不开另外三大技术：区块链技术、交互技术和电子游戏技术。

不知不觉间，区块链自诞生以来，走到了第14个年头。即使到现在，也还有很多人不清楚区块链究竟有什么用，甚至根本不清楚它是什么。但沃尔玛集团并不这样想。

早在2015年，沃尔玛集团就与IBM共同进行了区块链追踪测试，积极追踪美国所有沃尔玛门店所销售的芒果的产地，也追踪了沃尔玛中国门店猪肉的产地。通过区块链技术，这家企业对食品产地追溯所需要的时间，从原本7天减少到2.2秒。

区块链技术是一种互联网对数据存储的方式，它是去中心化、不可伪造、公开透明并同时集体维护的。这些特质几乎是为元宇宙量身定制的。

元宇宙内会产生大量的数据流转，并以此支撑整个虚拟世界的经济体系。借助区块链技术，可以保证每个用户拥有安全的虚拟身份和财产，从而实现平等的价值交换。

区块链技术是数字世界和现实世界的桥梁，能让两个世界内的真实利益，通过安全、透明、稳定的技术得以对接，使元宇宙成为平行宇宙。

离开区块链，我们无法保障元宇宙所承载的数据价值是真正公平合理的，也无法确保其能被真实、合理、对等地输出到现实中。离开区块链，元宇宙更容易变成某一家企业垄断的大平台，这既不利于新形态互联网的成长，也不利于保证每个用户对虚拟现实的体验。

交互技术是另一项支撑元宇宙承载现实的重要技术，也是目前元宇宙发展进程中最大的瓶颈。当前，最具代表性的交互技术有虚拟现实、增强现实（Augmented Reality，AR）、混合现实（Mix Reality，MR）等。

虚拟现实是通过计算机技术，综合利用图形技术、多媒体技术、显示技术、仿真技术等多种高科技，营造与日常世界体验类似的虚拟世界，使用户获得身临其境的感受。为此，需要利用物理设备帮助客户区分虚拟感觉和物理现实。

虚拟现实是最早出现的交互技术。早在1990年，我国科学家钱学森院士在致汪成为的手稿中，就已提到这个英文词语，并将之翻译为具有中国气质的“灵境”，希望能将之用于人机结合、人脑开发等技术层面。

2015年前后，谷歌、三星等企业推出了简易的VR头盔，但并未大规模商业化，其原因在于头盔只能带来视觉体验，无法带来触摸体验，而且佩戴时间长了还可能造成用户眩晕、颈椎难受等不良反应。

目前，Meta公司（前身为Facebook公司）发售的oculus quest2设备，是性价比最佳、体验最好的VR头盔，该产品在全世界销量已达到上百万。但和未来的元宇宙交互技术相比，它还只能算是个玩具。

增强现实是指将现实世界中不存在的数字信息，通过技术与现有物理世界进行结合交互，再向用户传达。增强现实技术能根据用户所处环境，实时进行反馈并输出信息。

VR是百分百的虚拟，而AR则是一半虚拟、一半现实。

2016年，日本任天堂公司与Niantic Labs联合推出游戏《宝可梦GO》。玩家通过智能手机，能在自己的家中、公司或者社区大街小巷上，不断发现“精灵宝可梦”，并进行抓捕、训练和战斗。宝可梦主要是依据自身属性和环境特征进行分布的。例如，水类宝可梦可能会出现在大海旁沙滩上，而不会出现在沙漠附近。

增强现实技术同样也运用在生活消费中。苏州宜家空间就利用这一技术展示产品。用户可以在线下实体店扫描产品介绍页面，预览家具的现实3D效果。

在未来的元宇宙中，AR技术能捕捉用户的目光移动轨迹，进行实时成像并输出信息，其应用景象与电影《钢铁侠》中的头盔技术非常接近。

MR兼具AR和VR技术的特点，强调在现实世界基础上运用数字技术，打造结合了虚拟元素的空间。目前，MR技术主要用于工业、医疗、教育等行业。

MR设备能在真实的物理世界手术台上呈现虚拟的人体，随着用户进行解剖等手势动作，能将人体内的血管、肌肉、骨骼、脏器等一一呈现。

从VR、AR到MR，用户先是和虚拟场景交互，随后和经过虚拟技术增强的现实场景交互，最后同混合了虚拟技术的现实场景交互。随着技术的发展，很快将会出现难以区分虚拟和现实的场景，这类场景统称为扩展现实（Extended Reality，XR）。正是这些技术，能将人类所处的真实世界传递到元宇宙中，使之承载确定的意义和价值。

最后一个能帮助元宇宙承载现实的，是赫赫有名的电子游戏技术，其中价值最高的三部分是游戏引擎、3D建模和实时渲染。

游戏引擎是指用来制作游戏的主要平台。当下，无论是个人电脑还是手机游戏，很多都诞生自游戏引擎。我们熟悉的虚拟电子人物，如洛天依、华智冰、AYAYI等，也同样与游戏引擎有关。元宇宙内，无论是虚拟人物角色，还是其活动场景，都需要通过游戏引擎技术渲染而成。

Unity是目前全世界最大的游戏引擎公司。在2020年全球收入最高的前100名游戏开发工作室中，有94家是该公司的客户。其游戏引擎能提供更为细腻的光照、阴影、几何体，以及高度还原的场景，能让用户身临其境。

在人物表达上，还能提供更为详细的动作参数，使人物角色的行为更加真实合理。此外，优秀的游戏引擎还能实现算力的集约，减少硬件资源的消耗负担。

3D建模即用数字软件制作三维模型的技术。这一技术已相当成熟，通常用于电子游戏设计、房地产建筑设计、工业和展览设计等。元宇宙所有的场景基础设计，都离不开3D建模。这是因为二维空间设计工具已发展到相当高度，搭建元宇宙需要更发达的3D建模技术。

实时渲染是指计算机能将海量数据渲染为实时画面并呈现在用户感知层面。在5G时代，互联网使用的电脑成像越来越高清，正逐步迈入超高清晰度（8K）标准。这也导致成像使用的文件越来越大。电子游戏技术中使用的实时渲染技术，就是通过海量计算与弹性特征，确保画面效果能实时送达用户端，以节约使用时间。

区块链技术、交互技术和电子游戏技术，是元宇宙承载融合现实的重要技术基础，它们能共同为元宇宙的建设者、创作者提供方便快捷的工具，让更多人参与到元宇宙的发展建设中。

05 融入丨如何以正确姿势进入元宇宙

元宇宙时代的机会和互联网时代一样，会诞生平台级公司，再次开启财富再分配的机会。这个时代会诞生无数的企业和行业，比如数字维权警察和数字艺术家，人们在虚拟与现实的世界里演绎自己全新的人生。

——三金先生

互联网产业的每次革命都如同曾经的工业革命那样，深刻地改变着人类的生活，也改变着每一个个体。在必然的历史趋势下，你是否考虑过自己将在元宇宙里拥有何种体验、获得何种角色？自己将为之做出哪些贡献、收获何种回报？

这一切都取决于你是否做好准备，是否以正确姿势叩响新世界的大门。

从对生活的短期价值看，人类对元宇宙的探索已初显效果，能通过VR、AR等技术的应用，来影响和改变游戏、娱乐体验。我们也可以利用沙盒游戏方式，训练孩子参与元宇宙建设所需要的编程、创作和运营能力。我们有必要学会充分利用虚拟数字世界，实现自我能力的进步成长。

从对生活的长期影响看，我们未来可以在元宇宙内进行沉浸式消费体验，包括衣食住行、生活用品、交通工具的购买等。由于元宇宙具有拟真性、高效性，用户在其中消费的便捷和舒适，将远高于真实世界。

未来，元宇宙带来的社交体验也比在真实世界要强得多。在这里，用户通过元宇宙找到朋友，将不被时空、语言、种族和性别限制，甚至有可能不被生死限制。

2022年1月19日，主打元宇宙社交概念的App“啫喱”上架，不到一个月就挤掉了微信，登顶App Store内地免费榜首。这是从2019年以来，第一个挤掉微信的App。

在“啫喱”里，每名用户都能获得115个面部细节特征、455件服装配饰。用户能按照自身特征和喜好，对自己的虚拟形象进行调整。这种充满时尚感的设计玩法，让很多年轻人成为用户。“小红书”上，也出现了将近6 000篇分享在“啫喱”的穿搭笔记，还有人在这些笔记后面发帖求购相关的衣服。

除了衣服和穿搭外，“啫喱”还会为用户提供不同的动作、场景，表达自身的情绪状态。例如，用户设置状态为“忧伤”时，对应的虚拟形象会陷在沙发上，抱着抱枕“嘤嘤嘤”；用户设置状态为“悠哉”时，虚拟形象会惬意地靠在椅子上，跷起二郎腿刷手机……所有的个性化形象和场景，都会活跃在这个App的广场上，用户随时能通过“戳一戳”“在干吗”的功能，和其他用户互动。

“啫喱”里，添加和展示好友的方式也别具一格。和传统社交媒体平台采用的“昵称和头像”有所不同，“啫喱”里，好友的形象如同手办玩偶，用户管理好友犹如“开盲盒”。好友们的虚拟形象站在展示架上，就像盲盒中抽出的玩偶，令人感到新奇有趣而私密。

元宇宙的所有用户都能获得自己的虚拟角色，并利用该虚拟角色的第一或第三视角，进行消费、社交和娱乐活动。用户将成为自我形象的孕育者和缔造者，例如制作形象、更换造型，甚至创造现实世界中并不存在的生命形态和外表样貌。

我们不仅要准备在元宇宙内获得开心体验，同样也要准备在元宇宙内进行劳动和交换，用户可以将个人的设计、创作和沟通能力带入虚拟世界，完成组织、企业或他人提供的任务，以领取虚拟货币报酬，再兑换为现实中的法定货币。同样，用户也能将虚拟世界中获得的商品，通过下载或3D打印的方式带入现实。

2021年8月19日，Facebook发布了一款能利用可穿戴设备的虚拟现实公众空间，命名为Horizon Workrooms。利用该平台，用户只要佩戴智能可穿戴设备，就能访问3D虚拟办公室。这一访问体验与视频会议软件并不相同：用户能在虚拟办公场景中获得虚拟形象，而且还能和其他同事的虚拟形象进行互动。用户也能根据不同状态，及时改变自己的虚拟形象。更有意义的是，由于具备空间音频技术，用户也能在这款平台上听到模仿真实办公空间的声音。

元宇宙作为工作和学习平台，能对用户、组织和全社会产生重要意义。

在这里，用户能产生与现实完全相似的体验，这种体验无法在现有的网页或手机App上感受到。由于虚拟现实和增强现实的作用，元宇宙能让人们有切实的存在感，人与人之间能更真切、自然地进行沟通交流，开展协作。

以召开线上工作会议或教学为例，人们目前适应的是屏幕上各种小屏幕网格。但是，人类天生是社会性、群居性的动物，这种习惯只不过是现有机器所强加的感觉，人们从内心来讲，并不喜欢面对冰冷而毫无感情的屏幕。元宇宙的全息虚拟现实技术，能直接将我们的同事形象展现在身旁。通过设备，当我们向左边看、向右边看，甚至向前面的主席台看时，都能看到熟悉的同事形象。我们也知道，他们就是线下活生生的人，而不再仅通过电话和屏幕来实现沟通。

元宇宙是我们即将进入的新平台。这个平台可以娱乐社交，也可以学习工作。它与传统互联网平台的不同之处在于，互联网平台是由企业创建的，而元宇宙是用户共同打造的，包括创建、维护和分享。用户可以通过参与搭建这一开放式的生态系统，获得收益和乐趣。

一直以来，我都将“星迷宇宙”看成立体式、生态式的元宇宙体系，而不仅是分享时代这家公司的产品。它属于这个宇宙内的所有明星、制作人，同样也属于亿万粉丝。与其说它是一个文化品牌，不如说它是所有人共同打造出的开放平台，其开放性尤其表现在内容知识产权的开放上。

作为从传统互联网时代成长起来的一代，我目睹了大量头部IP方将自有IP进行“垄断”的过程，虽然这种操作方式，催生了很多商业上的成功案例，但也同样导致新兴品牌无法通过价格战和炒作来获得成长。我认为，这种“强者恒强弱者恒弱”的现象，让众多优秀文化创意被压制，既导致行业生态的创新能力不足，也阻碍了现实世界和互联网文化的多元性发展。

存在的就一定是合理的吗？我并不这样认为。从2014年开始，我就带领分享时代团队，面向明星名人开展沟通，获得其IP使用权，到2018年我们推出“星迷宇宙”品牌时，品牌体系里已有了上千个IP库存。

我们并没有将这些IP开发为独占性的商业化产品，而是通过注册申请知识产权，再将之向所有创作者开放。我认为，这样既能保护IP产权所有者的利益，也等于将再创作的资源免费授权给爱好者，为未来建立更大规模、更具创意的“星迷宇宙”打下了基础。

当然，选择并确定这种开放方式，我也经过了深思熟虑和充分准备，以确保其建立在对多方权益的充分保护上。对于所有授权给我们的明星名人而言，由于签约“星迷宇宙”并非独家授权模式，因此他们参与这一元宇宙开放生态雏形的打造，既没有耗费时间和精力，也在寻找更好的创意变现方式时不受妨碍。这样，元宇宙生态搭建者、IP持有方、用户，形成了良好的多赢关系。

进入元宇宙，意味着每个人要更加开放、对等、公平地同他人分享。与此对应的是，元宇宙的发展也会为不同领域创造对应的开放空间，减低分享的技术门槛。

例如，在当下已经出现的低代码开发平台上，人们开始通过可视化的脚手架工具和拖放工具，进行高级程序开发工作，取代传统基于逻辑、流程和应用的手动编写代码工作。这也意味着未来会有更多普通人有机会进入开放平台工作互动。

当然，进入元宇宙的初代人类，也并非毫无风险。这些风险首先来自人类身体机能的感受差异。早期元宇宙与线下世界之间的感受差异如表1-1所示。

表1-1　早期元宇宙与线下世界之间的感受差异

项　目	元宇宙	线下世界
感官体验	模拟体验	真实体验
交互方式	非自然、滞后、不稳定	自然、即时、稳定
在场感	虚拟在场	真实在场

由于上述差异的存在，少数人可能在早期元宇宙体验中出现问题，例如，由于身体所接收到的信号和大脑预期不对等，神经对身体的调节产生冲突，会产生身体疲劳、心率加快、眩晕等不适感，也可能出现平衡障碍、感统失调等症状。

与身体的不适应相比，个体的心理风险同样值得重视。由于目前世界各国对元宇宙的监管制度尚未成型，用户可能会在虚拟空间体验中产生自我身份认同的危机，如沉溺游戏、社交恐惧、人格错判、移情效应等。

从群体意义上来看，元宇宙在发展过程中也难免会出现一些负面影响。一些违法之徒可能利用元宇宙存在的监管或技术漏洞进行犯罪，如实施诈骗、传播病毒等。

针对上述问题，个体在进入元宇宙的过程中，有必要提高免疫能力和防范能力。相关监管部门和研究部门也应从法律规范、技术保障等方面，增强对用户的保护。

06 数字通证丨数字化时代的权利与价值

元宇宙的经济运行基础与动力来自数字通证。借助数字通证，政府、企业和社会机构能携手创建具有公平参与、鼓励原创、规则共建、生态共享等特点的虚拟经济，提供数字时代下身份和财产相契合的新路径，并有效防范其中的潜在风险。

——三金先生

元宇宙引领的数字化浪潮并非只为改变少数产业、影响少数群体，数字技术将渗透各行各业，世界将因此以令人难以想象的方式而存在。但我们不禁要问，彼时的社会规则又将如何运用数字化方式来确定权利的归属、价值的存在?

答案就在数字通证（Token）。

通证是权益的证明，人类长期使用货币、票据、信用卡等工具，其本质都是通证，用于身份识别、财富储存和价值流通。

周末，你想去星巴克喝杯咖啡，再去旁边的书店买本书。过去，你需要支付纸质人民币，而今天你可能只需出示微信二维码，或者只是向摄像头“刷脸”。无论何种选择，你都离不开具象载体，证明你确实有合法资格获取美味的咖啡、好看的书籍。

不仅如此，所有人都清楚地认可你用来证明权益的这个载体是“通用”的，它既可以用来买咖啡、书，也可以用来买水果、衣服，甚至能一点点积攒下来购买别墅豪车。这种“通用的证明”，即所谓的通证。

在数字技术世界里，也需要类似“通用的证明”，即数字通证。

数字通证是采用数字形式体现权益凭证的技术。在元宇宙里，最初的数字通证诞生于区块链技术所支持的某个项目，承载着项目参与者的权益。当项目规模越来越大时，这一权益证明将变得越来越通用，于是数字通证就会跨越生态领域，进入更为广袤的元宇宙应用中，具备越来越大的商业价值。

以日常生活眼光来理解元宇宙数字通证经济，其情形大概如下。

××游戏公司是上市企业，虽然消费者没有购买这家企业的股票，但消费者购买了企业的元宇宙设备，并且每天使用两三个小时。这家公司就能借助区块链技术，将该消费者的游玩时间过程记录为数字积分。积分可以在一定的生态领域内使用，比如可以用来购买其在元宇宙内的游戏道具，也可以用来购买线下该公司生产的其他产品，或者用来购买公司推荐的其他厂商服务。

××电视台在元宇宙内推出在线视频节目。小A通过元宇宙注册方式登记为观众，经常贡献收视率，为了追捧“爱豆”，她连插播的广告也不会错过。为了奖励小A这样的观众，该电视台按其收看时间和频率，约定了返还数字积分的规则。该积分可以在电视台组建的商业联盟内进行一切消费，并且还能在电视台粉丝社群、“爱豆”社群内部转移流通。

类似元宇宙情境下的应用案例，都离不开数字通证的身影。数字通证不仅是必要的权益证明工具，还是推动元宇宙经济发展的不二法门。它能激发人的趋利性，使其愿意源源不断地向元宇宙投入时间、精力和资源，再通过数字通证获得实际利益。这就能让元宇宙在拥有第一批原住民之后还能不断发展壮大。

数字通证与传统通证的不同之处在于其可加密性，这一特性加强了证明的真实性、安全性和独立性，避免遭受侵权。为此，区块链成为数字通证安全性的底层技术，而数字通证则是区块链在元宇宙的应用。利用区块链的密码学技术，数字通证得以完成加密设置，在元宇宙网络中不断流通和验证。

元宇宙的经济运行基础与动力来自数字通证。借助数字通证，政府、企业和社会机构能携手创建具有公平参与、鼓励原创、规则共建、生态共享等特点的虚拟经济，提供数字时代下身份和财产相契合的新路径，并有效防范其中的潜在风险，建立符合元宇宙特点的新型金融、法律框架。

因此，元宇宙中数字通证的运用必然离不开元宇宙自身的发展。根据元宇宙、现实世界和数字通证的关系，数字化时代的权利与价值的表现形式可以划分为三个阶段。

首先是初级阶段。在元宇宙初级阶段，需要构架数字通证基础，即以“游戏＋社交”为基础，形成网络平台，为元宇宙使用者提供相对真实的体验场景。现有的互联网游戏体系已形成了一套相对稳定、安全、平衡的经济体制，用户可以通过充值和参与等方式，在游戏中获取数字货币，购买游戏中的道具、装备、外观等财产。在此基础上，未来的元宇宙应用经营者将更注重用户的沉浸式体验，利用更多类型的数字通证方式吸引用户参与，确保用户愿意为元宇宙投入时间、资源，并共同逐步建立其经济生态。

其次是连接阶段。在该阶段，数字通证经济连接了元宇宙和现实世界。此时，元宇宙已绝非游戏那样的“虚拟世界”，元宇宙将现实世界的部分内容映射到数字世界运行，让更多人通过线下进入线上，让元宇宙成为公众所接受的社会生活的组成部分。例如，可以将现实世界的部分资源进行数字化，再采用数字通证的形式，使之能在元宇宙内流转，还可以将元宇宙内不同个体或组织所创造的数字资源以通证形式，在现实世界中兑换到相应资源。在这一阶段，数字通证已不只是元宇宙内部的价值分配和利益交换渠道，而且是元宇宙与现实世界之间的连接。用户利用元宇宙数字身份所获取的数字财富在现实世界消费时，同样需要载体，而数字通证则能承担此重任。

最后是重叠阶段。在元宇宙雏形阶段，人们只能在有限的数字领域进行探索，但未来的元宇宙必将形成和现实充分重叠的数字世界。在这一理想化状态下，元宇宙没有必要独立或超脱于现实运行，而是在全面数字化的背景下与现实世界紧密重叠映射。依托不同技术的数字通证将共同建立起人类的数字通证经济，提高生产力，从而高效配置资源并提升社会生产关系，形成新的经济发展模式，彰显个人的权利和价值。

当然，在应用初期，数字通证更多体现的还是现实世界资源在数字网络中的表现。以此为起点，数字通证经济伴随元宇宙的发展和不断革新必然会形成潜在的风险。这些风险大都并不来自技术本身，而来自资源从实体转化到数字再从数字转化为实体这一过程对原有经济秩序、利益关系、权利分配体系的影响。例如，当数字通证代表的价值从现实世界流转进入元宇宙，可能会发生各种侵权行为。当数字通证在元宇宙内部流转时，在元宇宙中创作数字资源的人的著作权也可能遭受侵犯。而当数字通证从元宇宙进入现实世界时，也会产生类似于侵犯消费者权益的风险。

正因如此，我们对数字通证在元宇宙的应用要保持充分清醒的认识。我们既应看到数字通证的广阔发展空间，也应积极做好准备，利用区块链技术、智能合约等工具，对可能发生的数字通证经济风险予以调整和防范。

元宇宙充满希望，而数字通证带来的经济发展方向令人耳目一新。数字通证既能保留原有的财产权利转移等稳定功能，又能弥补现有经济体系中的不足，并为人类社会注入新的经济提升动力，打造新的价值通道。正是由于数字通证的存在，元宇宙将不会只是和现实世界平行，它终究会成为人类现实生活的组成部分。

07 虚拟数字人丨技术整合与场景数智化需求的“双向奔赴”

只有在数字虚拟人面前，普通人才能意识到元宇宙具有的革命性冲击力。

——三金先生

在元宇宙概念伴随着数字技术的发展迅速成为热点的同时，虚拟数字人相关产业也随之快速成长起来。洛天依、度晓晓、AYAYI、微软小冰……虚拟数字人形象纷至沓来，借助移动互联网媒体的传播力量，映入人们眼帘。实际上，无论是从技术整合、场景应用还是从商业模式而言，虚拟数字人的发展目前依然处于初期阶段，虚拟数字人如何既能体现技术能力，又能满足数智化的场景需求，值得不断评估、尝试和创新。

虚拟数字人是指以数字技术表达全部外形的“人物”。虚拟数字人必须依赖计算设备、显示设备而存在，包括电脑、手机、智慧屏幕等。目前普遍认为虚拟数字人具备三方面特征：首先是拥有人的外观，如相貌、性别等；其次是拥有人的行为特征，如性格、语言、表情和肢体动作；最后是拥有人的思想，即识别外部信号并与人类交流互动。

对虚拟数字人的评价方式，主要来源于自然主义身体观和社会建构论身体观，形成了“三身”指数评价体系，即“肉身”“具身”“社身”三大评估维度。其中，“肉身”主要从技术角度，评估人物形象、动画生成、语音生成、音视频合成现实等模块的水准。“具身”主要从功能角度，将虚拟数字人分为偶像娱乐型、专业服务型、情感陪伴型进行评估。“社身”则从社会价值如营销、传播、美誉、交互、风险等角度，对虚拟数字人进行评价。

从“肉身”角度看，目前诸多虚拟数字人的形象构建能力已大有提升。除了大部分以电脑和智能手机作为显示终端外，也有虚拟数字人开始利用虚拟现实、投影和裸眼3D等方式进行交互，其中一些人物形象的面容、表情、肢体动作甚至能和真人媲美。但整体而言，虚拟数字人的开发依旧还是处于不同的技术框架内，并未产生客观通用的行业标准，尚无法对虚拟数字人的拟真形象进行统一而成体系的引导。

从“具身”角度看，数字人的服务对象正在从普适受众转向个性受众。过去最常见的偶像娱乐型虚拟数字人，主要基于单一媒体和特殊场景开发，其技术方案和场景应用之间存在天然的鸿沟，难以进行流畅转换而导致变现能力不足。现在，专业服务型虚拟数字人已经出现，通过AI技术的支持，能在企业形象和数智化服务场景间较为自由地跳转。

2022年6月1日，在浦发银行大连分行，虚拟员工小浦“上岗”了。在该银行智能体验区的入口处，小浦的身高、外形、表情、动作和真人一样，惟妙惟肖。不仅如此，她还能通过多感官实时识别、关注用户情绪，并根据用户需要及时调整语调、语气和说话风格，向用户做出咨询提示服务。其中内容包括如何办理银行业务、如何分类认识金融理财工具，对于询问天气、地铁站甚至是日常闲聊，小浦都能实时给予用户答复。

浦发银行推出这一虚拟数字人形象，显然并非只为了应用于线下分行门店服务场景。未来，它还会逐步训练小浦，使其具有银行经理的能力，出现在用户手机App、网银和各类其他服务终端，并积极融入智能家居、智能零售等场景。这才是小浦真正的奋斗目标。

尽管小浦的出现预示着虚拟数字人“具身”维度的重要价值，但从整体看，虚拟数字人的功能性依然离不开二次元粉丝经济。二次元虚拟经济与其他虚拟经济相比，具有更长的行业历史、孵化时间，拥有更扎实的粉丝基础、更为社会所接受的营销手段。因此，虚拟数字人的应用市场依然被二次元粉丝经济主导着，这既是目前发展虚拟数字人的优势，也是未来虚拟数字人将要在技术、市场方面进行创新的重要突破点。

实际上，虚拟数字人正在从原先的二次元世界逐步走出，向虚拟世界、现实世界的更多领域触碰各种可能。虚拟数字人IP的经营，正引领着元宇宙数智营销生态的建设，目前，国内已出现了数字藏品创作、发售、收藏和流转，其中虚拟数字人的联动呈现、虚拟空间艺术的创作等，应用了“场景、IP和技术”的联动营销，积极提升用户体验，带动了商业品牌的价值。

从“社身”角度看，未来具有更大影响力的虚拟数字人IP，将不仅承担其商业价值，更会承担社会责任和公众责任，以提高其影响力。以虚拟偶像为例，目前的数字虚拟人产业在迎合潮流喜好借以提升商业价值的同时，也开始在主流媒体、互联网媒体的引导下，将流量优势运用到传播社会正能量、推动公益年轻化中。例如，冬奥会虚拟志愿者“爱加”、全球首个数字人奥林匹克工艺宣传大使“REAI”、新华社数字记者“小诤”、中国青少年网络春晚虚拟主持人“班长小艾”等，分别在各自领域参与了社会活动，扩大影响力的同时也体现出数字虚拟人的“社身”优势。

从元宇宙的发展进程来看，数字虚拟人产业还有很大潜力值得挖掘，其核心在于从人设打造和背景故事中寻找数智化场景应用的内核。一旦数字虚拟人能借助人设、故事形成真人感，就能引发受众的情感投射，积极同虚拟数字人进行交互。这样，数字虚拟人就能帮助用户获得良好体验，在私域化的应用场景中，凭借个性化的叙事逻辑，参与三维化的独特表达，借助虚拟数字人进行交互，以更多方式穿梭在元宇宙和现实世界。

和现实中明星效应带来的粉丝经济一样，元宇宙虚拟数字人IP价值必将催生琳琅满目的衍生商品。当下，已经有商业机构利用虚拟数字人形象发售数字藏品，或者利用其能力进行数字藏品的创作。秉承这一模式，未来还会有更多元联动的元宇宙虚拟数字人衍生商品出现，形成虚拟数字人商业模式的新变现渠道。

更加令人期待的是，上述三大身份维度融合之后，虚拟数字人将为元宇宙平台上的可视化身份社交网络提供巨大推动。目前，社交元宇宙处于萌芽期，资源基本由单一系统控制，价值归于平台，同时开放性很低。未来的社交元宇宙将高度发达，平台资源将由全球用户共同持有，价值将归于不同用户，并因此高度开放和具有互动操作性。

为了实现这一目标，虚拟数字人系统将发挥重要作用：通过可视化的数字身份，打造沉浸式的社交场景；借助极致精细化的数字形象建模技术，高度还原人像体验；通过一键授权，帮助用户零门槛生成数字形象，实现从早期元宇宙向成熟元宇宙的迁移。而大量用户的迁移，又能带来丰富的社交场景和原创内容。这些都能弥补传统互联网社交场景的种种遗憾。

以Live4平台为例，在成熟的虚拟数字人社交系统里，用户可以使用官方提供的基础组件，也可以使用海量的第三方组件。系统还能提供高自由度的数字形象创建系统，包括面部细节、体型特点等，并提供丰富多元的编辑功能，使得人物形象充满个性。

例如，用户能根据自己在生活中的喜好，挑选上衣、裤子、鞋子、装饰品等进行搭配，充分彰显审美个性。系统也会定期和线下、线上的知名艺术设计品牌联名，发布新的组件。

当然，用户也可以选择“便捷生成”或者干脆“定制生成”的方式，获取专属虚拟数字人形象。

对传统的互联网用户来说，Live4这样的虚拟数字人社交系统，能带来真正与元宇宙时代贴近的机会，只有在数字虚拟人面前，普通人才能意识到元宇宙的革命性冲击力。而借助数字虚拟人敲开用户的心智大门后，平台才能更好地创建数智化场景，为用户带去更多产品体验和内容生态，为用户开启真正的元宇宙生活。

在数字技术进步浪潮的推动下，虚拟数字人更像是人类运用多种新技术对自身的重构。今天，虚拟数字人形象越来越成熟进步的背后，是先进科技创新能力的较量，谁能掌握虚拟数字人形象，谁就能拿到昂首挺胸走进元宇宙的密码。

第2章

人人参与 元宇宙里的生命与财富

今天的元宇宙如同1993年的互联网，充满了未知的机会。在这里，将会重新诞生平台级企业，再次开启财富分配之门，将产生无数的全新行业和职业。当21世纪的人类面临着疫情、战争和种种不稳定因素时，他们需要有这样一个机会，在虚拟与现实相结合的世界里，演绎全新的人生。

01 想象 | 元宇宙再造人类的想象

在构建虚拟的元宇宙空间中，我们需要借鉴并摆脱传统的设计思维。我们可以无限想象，重新构建这个世界。

——三金先生

米兰·昆德拉曾说过："人永远都无法知道自己该要什么，因为人只能活一次……一切都是马上经历，仅此一次，无法准备。"现实世界是唯一的，但所有的意义都是经过比较才能确定的。如果每个人真的只能"活"一次，谁又能确定人生意义呢？于是，米兰·昆德拉又说道："只活一次，等于没活。"

幸运的是，人类自诞生以来，就拥有了强大的想象力。与现实世界的固定性不同，想象而成的虚构世界充满了各种各样的可能性、偶然性，从而为人类保留了体验多重生命的可能性。当人类面对现实世界的缺失时，就很容易展开想象的翅膀，努力在虚拟世界中获得自我补偿。而当我们有机会、有能力时，又会在现实世界中付出同样的努力，以完成对自身想象的补偿。

想象帮助着人类的个体，也塑造着他们对共同体的感知，以探寻自己何以存在。当人类朝向共同的理想不断迈步时，原有的生命虚无感消失了，拥有集体生命，才能感受到追求的动力，并引导个体去发现生命的意义。

现在，元宇宙即将再造的，就是那个想象世界。不为人所知的是，这个虚构世界早已被确定划分出来。

西方当代著名哲学家卡尔·波普尔在其1972年出版的《客观知识》中，系统提出了“三个世界”理论。他认为，我们面对着三个世界。

物理世界是世界一，包括物质、能量、一切生物机体等。

人的心理现象是世界二，包括意识、感觉等心理状态和过程。

世界三则囊括了人类精神活动的产物，即思想内容的世界或客观意义上的观念的世界，或可能的思想客体的世界，它包括客观的知识和客观的艺术作品。构成世界三的要素很广泛，包括科学问题、科学理论、理论的逻辑关系、自在的论据、自在的问题情况、批判性讨论、故事、解释性神话、工具等。

打个比方，柯南·道尔医生正坐在书房里埋头写作《福尔摩斯探案集》。

在别人眼里，医生正处于世界一。

实际上，医生遨游在想象中，调动着多年来写故事的经验，所以他知道自己正处于世界二。

医生面前的打字机上，不断延展的英文字符，正构建着世界三。那个永恒的贝克街221号B房间里，壁炉、烟斗、小提琴，瘦削的侦探、真诚的医生……

波普尔认为，这三个世界都是真实存在的，相互之间或直接或间接地发生作用。例如，世界一作用于世界二，柯南·道尔需要有书房，才能展开想象去写作。世界二作用于世界三，柯南·道尔凭借脑海中的构思，才能塑造出福尔摩斯与其所处的伦敦。反过来，当百年后的我们走进了世界三，又会激起内心的悸动，这就是世界三反作用于我们的世界二所引起的。

这三个世界分别被命名为物理世界、心理世界和客观知识世界。普通人通常只熟悉前两个世界。但客观知识世界也有巨大的开发价值。

客观知识世界是人类想象力的结晶。人类个体的不同想象，创造出不同的客观知识世界。如果对之进行类型划分，可以简单地分为积极客观知识世界、消极客观知识世界和平行客观知识世界。

积极客观知识世界是那些只存在于人类理念中的美好社会，在那里没有任何纷争、矛盾、烦恼，人们总是过着安全、幸福、和谐的生活，类似宗教里的天堂、彼岸，哲学家眼中的理想国、逍遥境，社会学家笔下的乌托邦、太阳城等。

消极客观知识世界是那些让人感到惊惧、痛苦的地方，例如宗教中的地狱、传说中的地府等。

平行客观知识世界是对世界一改造、模拟、投影和超越后加工出的世界。人们在其中会经历磨难、迎接矛盾，也会挑战困难、战胜对手，最终达到某种自由状态。

宗教和哲学倾向于营造积极或消极的客观知识世界，而文学作品则更热衷于塑造平行客观知识世界。我国古典名著《西游记》、世界著名儿童文学代表作《爱丽丝漫游仙境》，描述的都不是天堂和地狱的彻底对立，而是将真实世界投影其中。尽管时代背景不同、文学质量不一，但类似主题的文学作品可谓数不胜数。

现有的世界三如果停滞不前，人类的想象力就无法满足，因为每个世界都不仅应该存在，还应该被开发、改造和建设。

纵观人类历史，农业社会开发了物理世界，但大多数普通人的心理世界却未得到开发。工业社会进一步开发了物理世界，同时又通过不断的技术革命，解放了心理世界。

在漫长的数千年开发中，世界一和世界二彻底被改变了，既变得发达、强盛、美丽，也遭遇了各类污染和破坏。当全球发展的瓶颈出现时，物联网、云计算、大数据技术到来，世界三的改变时机来临。一切智能技术都将致力于开发这个客观知识世界，消除人类智力创造结果上的不对称，这就是元宇宙的历史性任务。

元宇宙对人类想象世界的再造，归根到底还是人类改变世界能量的释放，它会天然地服从人类对快乐的追求，以呈现出世界三的价值。因此，元宇宙为每个人创造的世界三，并非为了追求和他人的相似，反而是由于绝无仅有的独特性才成就其价值。这个世界三之所以会让人们沉浸其中，不是因为它能让每个人重复享受单一快乐，而是能再造他们的想象，使他们走向完全不需要接受现实约束的多元性世界。

事实上，元宇宙之所以能诞生，恰恰是互联网虚拟技术对想象快感加以满足的结果。在这样的技术追求下，元宇宙的价值将不会集中在“故事”“游戏”“剧本”等体验内容上，而是会体现在人类大脑的创造性活动上。想象，将由此集中转变为元宇宙世界的第一生产力。

与此同时，元宇宙的设计者、构建者，也会积极展开对世界三的开发，因为想象才是元宇宙获取利润的真正途径。在这里，想象的满足不仅是对愿望的实现，而且是对欲望的升华。

一个著名的心理学案例是这样的：

饥肠辘辘的人梦见吃高档海鲜，意味着他们希望通过梦境中的想象来满足愿望。但事实不仅如此，为什么他们想象的是高档海鲜，而不是汉堡包、三明治、重庆小面？显然，这些普通食物满足了愿望，而海鲜则满足了欲望。

在这个案例中，真正能成就世界三的内容，不是普通食物，而是高档海鲜。海鲜隐藏着个体对富足生活的冲动。因此，元宇宙对想象的再造，必然是满足个体欲望快感的大规模社会化生产。

元宇宙为人类想象带来的快感，不只是看不见、摸不着的心理感受，而且会变成经济学意义上的真实价值。元宇宙的运行，能极大地扩展人类想象的范围。在那个时刻，人类想象内容的来源，不再是物理世界的现实，更有可能是虚拟数字和实际物体的融合，从而为人类个体提供更多动机去触发想象，收获快感。元宇宙也会不断鼓励这样的活动，使之伴随人们的成长历程。

02　升维丨元宇宙是认知世界的新方式

> 元宇宙将彻底改变几乎所有行业，并创建出全新的行业、分配机制及市场资源。
>
> ——三金先生

元宇宙再造人类想象力，让个体看到另一个自己。同时，它也借由身份的转换，为每个人提供新的观察和认知视角，从现有高度升维到更高高度。技术开发者和系统搭建者们，由此能有意或无意地从哲学家和社会学家那里接过笔墨，引导人类透过元宇宙的技术滤镜，从更高维度去理解世界、认知世界。

我们不禁要问，元宇宙凭什么能让人们重新塑造自己对世界的定义？这要从人类曾经的认知困境开始。

互联网科技发源于西方，今日世界的困境也同样如此。自从西方走上工业革命道路，现代化社会逐渐到来，“虚无”这一魔障就如影随形地紧跟着技术的进步，干扰着人类。在“虚无”面前，曾经靠宗教维系的西方价值观遭遇解构，一切幻象都被还原为当下的真实，这正是为什么马克斯·韦伯在《新教伦理与资本主义精神》中大谈“祛魅”的原因，也同样是工具理性让每个人都感觉自己生活在技术的统治下而不能自拔。人们认知世界的动力被压制了，同时失去的还有创新能力，甚至因为价值观的虚无而感到痛苦。

幸运的是，在这样的日子里，西方文明看到了元宇宙的曙光。

广义上的元宇宙并非未来事物，而是从古至今都在由人类搭建的世界三。整个过程中，人类不断将虚拟和现实打通，将技术和人性融合。从原始人在岩石上留下岩画，到文学、艺术不断发展，都推动着想象力和创造力，也缔造着人类的价值观。元宇宙之梦始终不断引领人类从更高层次的角度去看待时空和自我。

元宇宙的建设目标，是打造全人类共同体验、经历和相处的平台，人人都能使用自己的工具，打造虚拟世界，而其他人则同样能协助、参与其中。元宇宙将建立广袤的虚拟世界，为人类创造出另一种平行的社会。在这样的社会中，人们通过自身的虚拟形象，进行更充分的交流互动，也能更清楚地认知世界。

过去，三个世界相互分离，现实宇宙和互联网有着明确的划分界限，元宇宙的上述作用可能还并不明显，甚至显得相当小众。随着技术发展，其影响范围将呈现越来越明显的扩大趋势。

美国漫威公司的漫画作品《漫威宇宙》升级为电影作品，就是典型的例子。

漫威公司绝大部分漫画作品讲述的故事都发生在名为“Earth-616”的主宇宙内，此外还有其他各个宇宙存在。这些宇宙之间，既存在维度的区分，也存在平行的关系。

所谓维度，即物理学范畴内具有独立时空坐标的数目，例如我们人类是三维度生物。

所谓平行，则是指其他宇宙。这些宇宙和我们的宇宙有相同的诞生条件，但却有不同的历史发展进程，结果既相似又不同。

漫威用自己的漫画风格，阐述了当代物理学、天文学、哲学的一系列认知内容。但这些并不是其“漫威宇宙”的全部，其相当多的故事内容都凸显着美国主流文化价值观。

众所周知，美国主流文化就是由基督教、资本主义、“民主文化”等混合而形成的白人核心文化。因此，“复仇者联盟”的领导者必然是白人，无论美国队长还是钢铁侠，都具有强烈的爱国精神和忠诚、勤勉、拼搏、宽容等一系列美德。又如在《银河护卫队》电影中，男主角星爵听着摇滚乐 *Come and get your love* 出场，这首歌曲就来自著名的美国白人摇滚乐团，而银河护卫队的其他队员卡魔拉、浣熊、树人和德拉克斯，分别代表女人、动物、植物和有色人种，他们在星爵带领下冒险、作战并取得胜利，无疑暗喻着白人男性才是这个宇宙的领导者。

漫威故事内容的变化，也代表着美国社会意识的改变。自从“9·11”事件后，美国自上而下的危机感逐步增强。传统英雄故事中那些猥琐、黑暗的反派，在近年来的漫威故事中变得更“酷”、更“强大”，甚至还会结为联盟，反而将英雄人物追杀得狼狈不堪。

总之，漫威作品和其他人类文艺作品一样，绝不只是故事而已，其中包含着创作者的文化背景和认知世界的方式，代表着独特的价值观。漫威在其诞生之后的数十年中，大部分时间都只是一家在美国本土发行期刊的漫画公司，其影响力始终局限于美国和欧洲。但当互联网兴起后，资本、技术的联合，使相关电影作品在全世界畅行无阻，成为流行文化的重要部分。这也意味着美国主流价值观由此进一步深入影响到全世界。

正如《漫威宇宙》影响力从小到大的发展那样，未来，在各类数字技术的不断发展下，三个世界的界限将越来越模糊，人类在虚实之间的活动越来越具有相互影响性。这也意味着，虚拟宇宙对普通大众认知世界的引导价值，将越来越显著。

作为具有五千年文明的民族，中华民族当然不能也不会缺席元宇宙中价值观的创建和传播。元宇宙中具有中国特色的原创优秀内容，将会帮助用户获得理性认识层面的升华，让用户收获比想象层面的快感更为持久而坚定的精神价值。

我始终相信，我们的市场需要优秀文化，正如我们的民族需要英雄。

诚然，作为企业，有必要出于商业目的进行文化内容的自由创作。但我也总是提醒自己和同事们，文化企业同样也背负着重要的社会责任。只有正面、积极、向善的文化，才能产生恒远的社会价值，才能为企业换来源源不断的商业价值。因为只有向善的文化，才能推动市场的消费者对生活、社会充满信心，对我们的品牌充满信心。因此，我为星迷宇宙定下的宣传语是："每个人都是超级英雄。"

我为何如此相信？因为我们的民族从来不乏超级英雄，而元宇宙平台形成的原创文化氛围，可以更好地传播他们的故事，继承他们的信心。

我认为，在未来的元宇宙平台中，有必要搭建党建红色教育场景，增加丰富的沉浸式体验，配以翔实的内容解说，为用户提供身临其境的交互感，从中学习和了解我党的光荣历史。例如，构建镜像版的全国烈士纪念馆、烈士陵园、革命博物馆和景区等，为用户提供足不出户的第一视角参观体验。又如，让用户通过虚拟的场景，亲眼见证半殖民地半封建社会贫穷、落后的中国，并跟随我党的建设、壮大、成长历程，沉浸在荡气回肠、可歌可泣的党史故事中……

利用元宇宙技术，打造普及党史、塑造思想、引导作风的一系列红色教育内容，有助于促进党建工作模式的创新，提升党建工作效率，让相关政策宣传学习培训、工作服务更具吸引力，由此带动更多的人，构筑忠诚信念，提高政治判断力、领悟力和执行力，弘扬社会主义核心价值观。

我还发现，元宇宙技术不仅能帮助人们建立正确的政治价值观，也可以用于帮助人们认知更早的世界，理解历史的传承。

2022年两会期间，全国人大代表、中国考古学会理事长王巍在接受记者采访时表示，有必要通过元宇宙这一新颖技术，积极展示中华文明的文化基因，从而能让年轻人通过其喜爱的数字化方式，去了解和感知中华文明，感知曾经的历史场景。王巍表示，自己对元宇宙、AR/VR等技术在宣传普及考古成果、弘扬传承中华文化方面寄予厚望。

元宇宙作为文化信息媒介，是构建未来媒体、打造未来社会的认知来源基础。它既传播信息，也是现实世界与虚构世界的相互映射呈现。因此，元宇宙的底层逻辑不可能是完全去中心化、唯技术论甚至无政府主义的，而是结合社会主流价值观的，是能肩负“文化向善”的重要使命的。通过元宇宙文化平台，为用户提供认知新世界的正确角度，将使人类无论在线上还是在线下，都比历史上的任何时刻更加团结、更加一致。

03 融合丨如何打破生物与数字的界限

我们追求从平凡到超凡，做有价值的事，厌恶平庸。

——三金先生

地球已存在约46亿年，人类存在的时间虽不能与之相提并论，但也已有几百万年。当下，这个星球的生态系统显出疲态，而人类的发展长河仍在奔流，人口爆炸、全球变暖、大气污染、物种灭绝、生物多样性遭到破坏……环境问题层出不穷，难以承载更高程度的科技革命，人类这一生物如何突破自然限制？重任，落在了数字资源的肩上，元宇宙则是其中不二之选。

用数字技术消弭生物与数字的界限，是人类多年梦寐以求的目标。

草薙素子，6岁时遭遇空难，全身只有大脑和部分脊髓完好。然而，她并未死去，反而成了日本新滨市公安九课最重要的人。这就是《攻壳机动队》故事主人公的背景。

《攻壳机动队》故事开始于2040年的日本虚构城市新滨市。此时，人类科技的发展，已经能做到将人体器官全部“义体”化，即便大脑本身，也能通过改造，形成电子脑并具有联网功能。由于电子脑具有种种优点，社会中上层阶级在条件成熟后，都纷纷选择进行手术改造，获得电子脑。同时，人类不再是传统意义上的生物体，交流方式也变得更加丰富。

另一方面，电子脑和义体化的普及，也给社会带来了负面影响，造成了安全隐患。针对电子脑和义体的犯罪行为开始增加，黑客可能通过联网入侵他人大脑，甚至窃取和篡改他人记忆，电子脑毒品也从流行变得泛滥。于是，针对这类案件的公安九课诞生了，其中的核心人物便是草薙素子……

《攻壳机动队》及其相关的文艺作品，揭示了未来生物与数字科技融合的图景。当人类不断演化，成为地球主宰之后，我们又找到了新的进化目标，那就是成为“数字生物体”。此时，人类的肉身已能与“灵魂”相互脱离。正如草薙素子，只要大脑安全，任何器官受伤了，都能在手术改造后加以修复，而且还会完好如初。在《攻壳机动队》所描述的时代，由于科技发达，人类、生化人、仿生人都能作为社会的角色而活动，生命和机械的界限模糊了。只要将独特的人类个体记忆数字化，并保存在机器中，那么就可以认为其在某种程度上实现了永生，而就此跨越生理限制。

未来，作为生物体的自然人，在与作为数字媒体的元宇宙融合交互中，将能突破原有生理界限，在感知、决策和行动方面获得增强。线下，自然人和机器人共存；线上，虚拟人和数字程序共存。机器人将能拓展自然人在物理世界的能力，而虚拟人也将拓展自然人在数字世界的能力。

当然，达成这一愿望，并非一蹴而就，必须通过各类数字技术的不断发展而奠定基础。此过程的特性，在于利用人机适应等数字技术，模仿人类在身体与环境的互动中进行认知的过程，弭除生物和数字的差异性，实现其互补性，最终达到协同演进、共融共生的目的。

令人欣喜的是，目前与元宇宙相关的各类技术，已积极表现出生物友好性的特征。这些技术尽管有复杂的参数、不同的术语，但都离不开自然交互方式。

所谓自然交互，是指人类摆脱键盘和鼠标，通过语音、动作、表情等更为自然的方式，获得感官信息的交互和传递。例如，语音交互、动作交互、表情捕捉、眼球跟踪、气味模拟、触觉模拟、脑机接口等，都属于自然交互方式，其中的脑机接口技术近年来成为全球关注的热点技术。

2017年3月29日，美国凯斯西储大学与克利夫兰功能性电子刺激中心实验室，一位四肢瘫痪的病人，通过大脑思维，成功控制了机械臂，将食物喂入自己口中。在此之前，科学家就在尝试研制大脑皮层的脑机接口，他们将脑机接口植入瘫痪者的大脑皮层，利用其中融合了电刺激技术的芯片，传递患者大脑的信息，并取得了初步实验的成功。这次实验让全世界残障者看到希望，更让元宇宙时代将生物与技术融合成为可能。

2020年1月，我国浙江大学对外宣布，国内第一例植入式脑机接口临床研究获得成功。72岁的四肢瘫痪患者张先生，经过对意识能力的简单训练，可以通过脑部意念来控制外部机械臂、机械手，完成喝可乐、打麻将等活动。

2020年12月，阿里巴巴达摩院发布的《2021十大科技趋势》，提出脑机接口具有极大的研究价值。国外的Gartner公司、Neuralink公司，也不断发布脑机接口的重要研究成果。

以脑机接口技术为例，生物与数字的界限将从以下四个方向打破而得到发展。

方向一，“脑机”方向。信息通过大脑传递到机器，再转变为数字信号。其基本原理是，通过脑信号检测技术，获取神经系统的变化规律，以清楚识别每个大脑的信号类别、动作意图，再用电脑将思维活动转变成模仿信号，驱动外部设备。

随着技术发展，元宇宙系统内，人类可以做到利用大脑意念来改变虚拟系统内的图景，如改变自身虚拟外形、完成虚拟动作，甚至改变虚拟环境、景色等。

方向二，“机脑”方向。信息从机器传递到大脑，通过芯片等对人的大脑或其他神经系统施加精准控制的外部刺激，唤醒人体特定生理感受或引发特定的行为。

2021年3月，我国浙江大学医学院附属第二医院神经外科完成了一项具有历史意义的脑机接口植入手术，接受手术的是一位有长期癫痫史的病患。此前，其每个月癫痫发病次数高达二三十次，严重影响生活质量，且脑部病灶无法手术切除。医院的医疗团队经过充分检查讨论后，决定为其植入闭环脑机接口神经刺激器。在植入刺激器后，只要检测到癫痫发作的脑电信号，就能及时精准刺激，从而阻断癫痫发作的神经机制，病患因此再未出现抽搐等严重症状。

方向三，“脑到脑”方向。通过解码一个大脑的神经信号，将之重新编码，再传递到另一个大脑，以此完成大脑的直接通信。这一技术能作为元宇宙内个人与个人之间的交互手段，具有重要的参考价值。由于其具有相当的技术难度，因此相关研究目前较少，主要集中于美国、欧洲等地。

方向四，“脑机融合”方向。该方向的基本原理是，人体大脑和机器相互适应、共同工作，将生物的感知能力和数字的计算能力充分结合，完成信息的感知、处理、判断，甚至达成记忆、意图的增强配合。

脑机技术是传统人机交互模式的终结者，人机协同计算技术则更进一步实现人与虚拟世界的直接互联，这正是元宇宙打破虚实鸿沟的技术基础。

人机协同计算技术属于人工智能的研究领域。元宇宙时代，人工智能致力于人体和机器发挥各自优势，以实现高度的人机协同统一。其主要过程是：首先，针对环境变化，由人类大脑做出生物性的决策；其次，人类佩戴或连接的设备，对环境变化做出数字型决策；最后，通过混合模型，将两种决策融合，并输出结果。

元宇宙为了打通物理世界和虚拟世界，需要运用人机协同计算技术，构建人机协同的感知和决策系统。在这一系统内，人体和机器并非决策的主宰，两种类型的决策能力将互为补充，以让虚实世界能产生相同的感知和体验。

04 发展丨我们需要新的生存时空

> 互联网的创业窗口已经关闭，元宇宙时代的大门正悄然开启。相信在接下来的时间，真正的元宇宙项目和资本都将接踵而至。
>
> ——三金先生

自由，是人类永恒追求的命题。生活在别处，是人类永恒向往的梦想。然而，受到时间和空间、资源和精力的限制，绝大多数个人都不可能随心所欲地生存在梦寐以求的时空里。

以旅行为例，现实生活中，想要来一场说走就走的旅行，对很多成年人而言势比登天。

时间方面，良好的旅行体验需要有充足的时间。有经济条件拓宽活动空间的人群，往往会受到繁忙工作、社交和养育子女等任务的影响，导致个人时间大为减少，没有集中的时间段用以提升生活品质。他们虽然喜欢旅游，但没有时间出门；虽然喜欢钓鱼，但不喜欢在路上花费时间；虽然喜欢看展览，但不喜欢去排队……

空间方面，受到真实世界的条件限制，很多地点不用说生活，连普通旅行都难以企及。例如，登顶珠穆朗玛峰让很多人心向往之，但这不仅需要大量金钱成本，也需要足够的行动勇气、强健的身体素质。去北极圈观赏神秘极光，听上去就具有浪漫的吸引力，但终究也只有少数人才能支付高昂的成本，去预定和搭乘各类交通工具抵达最佳目的地。还有很多地点，虽然历史悠久、风景壮美，但却因为战争、动乱、民族矛盾、经济危机等因素，具有相当的危险性，令人望而生畏。

旅行尚且如此，生活空间呢？很遗憾，在元宇宙没有到来时，普通人想要在北上广等一线城市拥有自己名下的房产都难上加难，更不用说想要随心所欲地走遍全球，体味不同的生活经历，感受不同的风土人情了。

种种被限制的痛苦，并非因为个人努力不够，而是当今科学技术远不能打破时空限制的物理定律，也就无法让每个人的生存走向完全自由。

在物理宇宙中，时间是一维性的。正如孔子面对大河奔流时所说："逝者如斯夫！"正因如此，人类只能体会当下，而不能从"此时"穿越到"彼时"。各类科幻剧、玄幻剧，尽管艺术质量参差不齐，但都体现出了人们对打破时空一维性的追求。

元宇宙内，时间将改变其一维性。元宇宙整合了多种新技术，利用扩展现实技术，形成沉浸式体验。它能利用数字孪生技术形成镜像世界，利用区块链技术搭建经济体系，以此利用虚拟技术为个人身份、社交、经济系统提供融合服务，并允许不同用户对自身所处的虚拟世界进行内容编辑生产。这样，时间在元宇宙内成为崭新的概念。

在元宇宙中，用户可以打乱日夜更迭顺序，也无须遵循四季轮替的规律。就像设置电脑壁纸那样，更换自身所处虚拟世界的春夏秋冬、晨昏昼夜。用户甚至不必生活在物理世界的纪年中，而是可以按照自己的喜好设定年份。因此，用户可以上溯历史，与历史人物交流互动，或者干脆化身为其中某位大人物，在沉浸式体验中“改写”历史。用户同样能穿越到未来，进入科幻情境中，体验想象中的星球大战。用户和用户之间可以共享彼此构建的元宇宙，在多个世界来回穿梭，通过既彼此独立又相互联系的方式，营造上天入地的生存体验。

元宇宙同样会改变人类对生存空间的体验。互联网诞生以来，人类对空间的体验就发生了天翻地覆的变化。当下，移动互联网技术正在迅猛发展，普通人通过充分运用了数字技术的社交媒体，扩展着个人影响力。每个人都可以将自己的想法、体验和愿望，通过数字形式加以表达，如文本、图像、视频、声音、代码等。移动互联网上的其他用户，都能在最短时间内分享到这些内容。在那些相互连接越紧密的人群中，内容传递越快，而奇特、新鲜、稀缺的内容，即便在彼此并无连接关系的人群中，传递速度也可能非常惊人。由此，个人与个人之间的距离感消失了，每个人都处于信息网中，每个人也可能成为信息网的中心。再加上各类事物、知识，都可以转化为云端储存的内容，个人所能调用的知识、可运用的智能正在不断扩展，这意味着个人受到所处空间的约束正越来越小。

物理世界中，无论个人身居何处，空间都是个人活动的场景，其中心属于个体本身。当数字场景取代物理空间后，通过技术和工具，现实世界同虚拟世界相叠加，形成了层层增强的图景，浮现在人们眼前的新世界，如同智能手机那样具有变化性和移动性。用户所喜欢的场景，如大海夕阳、美好宴会、初春森林、孩童微笑、战役胜利、冲出地球等等，都可以被储存、编辑和分享，乃至被无限拓展。即便用户只是坐在书桌前，其虚拟现实中的空间体验感也可以是无穷无尽的。

元宇宙的革命意义，不仅在于能打破时空约束，更在于帮助用户进入不同的时空，以体验不同的生活角色。无论用户在物理世界中扮演的社会角色是否普通到不起眼，借助元宇宙，他们都能从日复一日枯燥的工作生活中脱离出来，去往新鲜陌生的虚拟世界中，感受不同的存在体验。这种体验比帮助人们从时间和空间维度拓展生存范围更有价值。这一价值亘古至今，始终为人类孜孜以求。

在我国古籍《列子》中，有这样一段寓言故事。

有老役夫筋力竭矣，而使之弥勤。昼则呻呼而即事，夜则昏惫而熟寐。精神荒散，昔昔梦为国君。居人民之上，总一国之事。游燕宫观，恣意所欲，其乐无比。觉则复役。人有慰喻其勤者，役夫曰："人生百年，昼夜各分。吾昼为仆虏，苦则苦矣；夜为人君，其乐无比。何所怨哉？"

这个远古故事尽管距离我们数千年，但却具有鲜明的"生存角色拓展"特点。这位辛苦的劳动者，白天要不断听从主人的差遣任用；而到了夜晚，睡梦中能够体验高贵的帝王地位，享受令人艳羡的生活。他的生存角色由于"昼夜各分"而得到了拓展，因此也就对生活毫无怨言了。

两千多年后，元宇宙即将为全人类创造"昼夜各分"的世界。作为个体的用户，将从这个世界中寻找到身份的异构感。反观当下传统信息社会，剧本杀、密室逃脱等游戏，虽然已呈现出若干雏形特征，但都无法提供类似的完全沉浸感。其最大的不同，在于元宇宙是由集体设计、搭建、生产的，并非单纯来自编剧想象，而是所有人参与拓展的空间，是各种人类角色甚至非人类角色在虚拟世界中的投影和再生。

元宇宙对生存角色的拓展，并非像剧本杀那样经过事先设计，因此，它不是中心化的、单向的，而是去中心化的、多维的。它的拓展不是个人化的，而是能体现社会共性的。它不是单纯基于虚构，而是所有人现实愿望的融汇，是真实世界的投影。元宇宙不再使用线下的时空度量方式，相反，时间可以正流和倒流，空间则可以无限划分。这里将成为被想象所拓展的生存时空，用户个人成为连接线上和线下的桥梁。

可以确信，元宇宙不是传统技术所构建的平行世界，而是要为每个人打造出崭新版本的完美人生。

05 乐土丨精神世界才是人类的归途

> 我们当下世界中的人、物、场，在元宇宙中，就对应数字人、NFT、元宇宙社区空间。
>
> ——三金先生

每代人有各自钟爱的娱乐方式，并将之作为精神寄托。在当下的中国社会，其中差异表现得尤其明显。50后、60后仍然喜欢春节时儿孙满堂的家族团聚氛围。70后、80后在工作繁忙之余，能做个美容、打个小牌、喝点小酒、钓半天鱼，就是最幸福的时光。90后、00后则又有所不同，他们注重体验，喜欢参与氛围感、沉浸感强的互动娱乐，表现出真正的Z世代[①]情怀。今天的中国已温饱无忧，实现小康，因此无论哪一代人，绝大多数人都看重自己的精神需求如何从活动中得到满足。

进而言之，无论财富多少、地位几何，如果一个人无法找到精神上的归宿，就意味着他始终会焦虑不安，难以释怀，这不仅意味着无法幸福，甚至连应有的获得感也荡然无存。这一点很好地解释了为什么诸如海淀家长这样的群体，尽管在绝大多数普通人看来已经算相当成功，但他们却辗转反侧、夜不能寐。能真正帮助他们的可能并不是一套学区房，而是精神上的安全感。

百年以来，人类文明的发展，将注意力集中于对宏观宇宙和微观宇宙的开发上。

宏观层面，人类起步飞出地球，已经有60多年历史。哈勃望远镜能看到遥远的宇宙深处，尽管人类目前还无法抵达，但我们清楚地知道其存在。同时，人类也在不断深入研究分子、原子、量子这些微观世界，并试图从微观世界中发现真实世界的规律。

---

① “Z世代”是一个网络流行语，也指新时代人群，通常指1995—2009年出生的一代人，他们一出生就与网络信息时代无缝对接，受数字信息技术、即时通信设备、智能手机产品等影响比较大，所以又被称为“网生代”“互联网世代”“二次元世代”“数媒土著”等。

然而，人类在积极探索宏观世界和微观世界时，却忘记了自身所承载的精神世界。精神世界并非由传统意义的分子、原子构成，其中所包含的知识、信息，却同样无穷无尽。实际上，人类追求的任何归宿，都指向于精神层面的幸福。只有精神上的自由安全，才能带来安全与稳定。

对于绝大多数普通人而言，精神的归宿离不开必需的娱乐。人类的天性在于追求娱乐体验。纵观进化史，很容易发现，所有伴随人类认知革命、技术革命而诞生的产物中，永远都不缺乏人类的精神娱乐产物。从原始的祭祀仪式，到广场戏剧、宴会沙龙，再到现代的录像厅、网吧、KTV以及现在的AR、VR游戏室……这一切说到底，不是为了满足人类吃饱穿暖的生存需要，而是为了填补内心世界的空白。

元宇宙创造的沉浸感娱乐世界，正是当代人类的精神归途之一。

元宇宙离不开游戏技术，但它又不只是游戏那么简单。从功能性上看，元宇宙能承载大量的虚拟活动，用户可以通过元宇宙进行社交、娱乐、创作，也能进行教育、展示、交易，这些活动一方面具有社会性特征，另一方面能让用户获得精神层面的收益，尤其是“沉浸感”这一重要体验，能更直观地提升用户的精神获得感。

根据美团2021年的大数据显示，沉浸式体验是越来越多年龄段（尤其是年轻人）所愿意接受和参与的时尚休闲活动。在和沉浸相关的消费活动中，75%的消费者属于20岁到35岁的年轻人，他们对活动的故事性、游戏性、艺术性、体验感等元素非常有兴趣。

对沉浸感的精神追求，影响着现有的传媒平台。2021年，爱奇艺平台上线了一档名为《奇异剧本鲨》的综艺节目，主打社交游戏。这款节目整体和年轻人线下游玩的剧本杀游戏很相似，但却营造出强烈的代入感。玩实体剧本杀既消耗时间，也消耗金钱，而线上综艺节目却能给无暇玩剧本杀的年轻观众带来直接的代入体验，具有很高的性价比，直接满足了用户的精神需求。

这足以说明在虚拟场景中能获得和现实世界完全不同的沉浸感，是未来人类的重要娱乐追求。

尽管自人类诞生以来就有了精神宇宙，但人类真正着手开发精神宇宙的时间却很短。云计算平台、大数据技术、区块链技术等，不过诞生了十几年，只有综合运用这些技术，才能诞生出元宇宙，进而开发人类的精神家园。这样的家园一旦建成，对人类精神层面的影响意义又会远超现有的游戏、综艺、社交平台。

元宇宙是人类整个文明在虚拟时空的重新建设，而这种建设过程需要每个用户的参与。当用户参与其中，会因沉浸感产生“我参与了重建世界”的心理感受，他们能拥有前人所未曾体验过的成就感，这不是某种大型娱乐活动可以比拟的。

通过元宇宙，人类的精神世界和现实世界将能找到可连接、可感知的对接渠道，产生巨大的产业空间。

从古至今，人类在不断追求物质满足的进程中，想到了长生不老，期待肉体长存。也正是在探索过程中，人们发现肉体不灭的梦想并不现实，于是就有了精神追求，渴望留名青史、千古不朽，渴望为组织、族群乃至全人类创建业绩。而在元宇宙时代，我们不仅会利用英雄人物、明星偶像来搭建原创的虚拟世界，我们还会将自己的思想理念引入虚拟世界，甚至把我们的记忆保存在那里，以建立新的虚拟规则。待克隆技术成熟之后，再通过下载的方式，将记忆和思想导入新的身体，以此触碰永生的可能。

到那时，物理世界更多将是为元宇宙服务的。线下世界提供能源、硬件设备、食物、医疗，而人类精神层面的安全感、归属感，都可以转移到元宇宙中进行。人类将能真正做到脱离肉体之苦，利用脑机接口等数字手段，实现“灵魂”在虚拟世界的不朽。

或许有人会问，回归精神世界，然后呢？人类是否会有什么实际的收获？答案是肯定的。

“书中自有黄金屋”，这并非古老的戏言。当一个人沉浸于读书学习，获得精神上的极大乐趣和收益后，他也可以利用从中吸收的知识、建立的思维模式，改变现实生活。

同样，当人类利用元宇宙实现了对精神世界的回归后，又可以反过来利用精神层面的自由和安全，来影响真实的物理世界。

例如，人类在元宇宙的精神消费，会转化为对现实社会真实生产需求的拉动。在未来的新视角下，社会大生产将发生重要变化，那些大规模、统一、集体的产品将不复存在，取而代之的是大量小规模、定制、个性化的产品这些产品无论是具体的还是数字的，其实际物理功能都会明显弱化，而精神效用才会凸显为主要内容。

正如马斯洛在需求层次理论中所说，自我超越将是个人的最高追求。元宇宙平台能提供更多的数字化精神产品，实现人类的自我超越追求。

元宇宙中，数字产品将和传统意义的物质产品大为不同，与电影、游戏、社交网络等现有互联网的数字产品也有所不同。由于技术的发达，此时的数字产品制作、复制和传播的成本已相当低廉。当用户选择在元宇宙中创造和消费时，他们需要付出经济代价来交换精神生产资料或精神消费用品，这些都会关联到其他个体或组织的劳动，形成拉动经济的产业链。

除了利用精神产品扩大消费需求外，元宇宙还能利用精神层面的模拟，进一步改造现实物理世界。众所周知，人类对物理世界的改变，离不开主观意识的思考和决策。例如，在商业决策中，一家企业究竟应该采用怎样的组织模式，是层级化的组织模式，还是扁平化的组织模式？现实中，这两大组织模式各有其优缺点，无论选择哪一种，都势必消耗重要的组织资源。又如，在市场竞争中，一家企业是否应该收购行业下游的一家企业？在政府决策中，一个项目是否应该取代另一个项目及时上马？诸如此类的问题牵涉到领导者的意识理念，甚至关系到具体决策者的人格特征、情绪倾向、教育背景和心理素质等。

如果将这些问题纳入元宇宙缔造的虚拟世界，利用模拟方式加以推演，就能得到更为精准的预测答案，而无须在尝试过程中浪费资源。

社会以不可阻挡之势向前飞速发展。越来越多的人意识到，钱是挣不完的，物质享受也是有尽头的，而精神上的收获，比任何体验都宝贵。元宇宙的价值就在于让人类在有限的生命里，获得更多在物理世界无法得到的精神收益。

第 3 章

数字资产 元宇宙如何保护和颠覆现实

从技术上看，元宇宙是虚拟的，但从经济学上看，元宇宙又离不开实际的、可衡量的资产。

从互联网到移动互联网，再到元宇宙互联网，互联网的每一轮升级，都注定从数字技术中诞生大量的资产创新机遇，只有把握这些机遇，才能运用互联网技术更好地保护现实中的美好，同时颠覆现实中的不足。

01 孪生丨数字资产与实物资产的相伴共存

在元宇宙虚拟世界中，一定不是数字孪生占主流，而是会出现异想天开的新世界。

——三金先生

元宇宙的建设和发展伴随着数字孪生技术的运用，这一技术将促进数字资产和实物资产实现更深层次的相伴共存，以便在虚拟世界中创造源源不断的财富。

数字资产来自数字孪生、区块链、大数据等技术的综合运用。运用这些技术，个人的实体资产将能充分接入元宇宙的虚拟经济中，并体现出良好的流动性、独立性和安全性。数字资产将作为元宇宙内个人财富的重要承载，连接物理世界和虚拟世界的经济，成为衡量具体价值的符号。

如何理解数字资产呢？我们不妨先从了解资产分类开始。

目前，主流的资产分类方式有三种，即资本资产、可转化资产和价值储存资产（见图3-1）。资本资产是指能生成现金流的资产，包括股票、债券、房地产等。可转化资产是指那些能转化成为其他形态的资产，如石油、棉花、煤矿等，这类资产不持续产生现金流，也无法利用净现值方式进行估值。价值储存资产既不能转化，也无法生成现金流，但其存储的价值能跨越时空，因此具有很强的稀缺性如贵金属、艺术收藏品等。

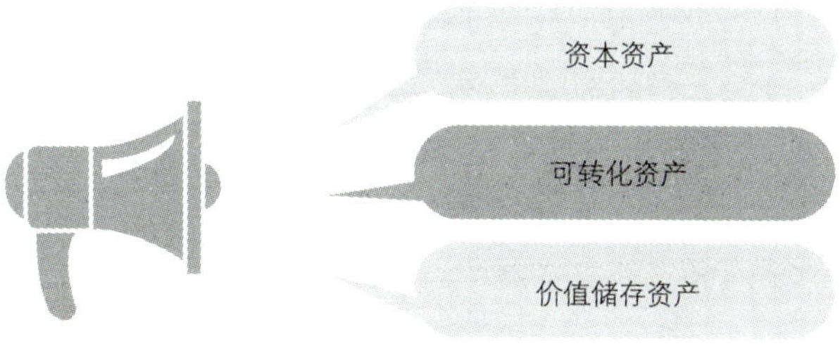

图3-1 资产分类方式

一项资产的属性并非单一的，而是可能同时拥有多种属性。黄金既是资本资产，也是价值储存资产。未来的数字资产很可能同时具备上述三种属性，它既可以在线上线下产生现金流，也可以转化为其他形态的资产，同样还可以作为储存价值的载体而跨越虚实、时空存在。

鉴于元宇宙经济与物理世界传统经济的不同，我们需要转换角度，去重新定义数字资产和理解数字资产的意义。

《王者荣耀》是几年前上线的游戏，其中游戏人物的外形“皮肤”，产权人属于腾讯。“皮肤”最终仅仅作为游戏中提升用户体验的一种工具而存在，并不具备数字资产特性。但随着用户对“皮肤”需求的集中产生，付费“皮肤”开始出现，用户想要获得“皮肤”，就必须购买，一旦购买成功，“皮肤”就属于用户私人装备并可以转让。一些水平较高的玩家赢得“皮肤”后，可以出售获利。因此，在淘宝、闲鱼等电商网站上，可以很容易搜索到出售“皮肤”的店铺。

《王者荣耀》将其推出的游戏“皮肤”道具，转化成授予玩家使用的资产，获得了不菲的商业价值。如果将“王者荣耀”看成一个元宇宙雏形，那么“皮肤”就是其中的数字资产。很多游戏都有类似现象，但由于不同游戏之间的虚拟产品并没有通用性，脱离平台之后彼此无法对接流通，也就不能构成严格意义上的数字资产。此外，对于这些“皮肤”究竟属于游戏公司，还是属于玩家个人，各国法律至今没有一个完整而相同的判断标准。因此，如果元宇宙能创建出底层通用平台，利用严格的保护机制使“皮肤”形成跨平台流通的能力，那么，与实物资产孪生性更紧密的数字资产可能就会诞生。

“皮肤”之所以能在《王者荣耀》平台上成为数字资产，在于用户购买后，等同于和游戏签下了合约，载明了用户拥有使用权和转让权。同时，用户无论从法律上还是技术上，都无法做到复制和分割“皮肤”。同理，元宇宙的数字资产将主要呈现为权益记录的价值系统，能让虚拟产品同时包含着智能合约，因此具有资产属性，不可分割、不可复制。

但是，在传统互联网上，类似《王者荣耀》这样的平台机构掌握着用户数字资产的话语权，用户对数字资产的所有权并不明确，主要只有使用权。相比较而言，元宇宙中，可以通过区块链技术来构建去中心化的数字资产权益记录，并通过这一存储机制，确保用户的数字资产权益不会被某个平台、组织或者其他任何人掌控。用户能像使用现实世界中的资产那样，自由合法地对数字资产进行处置、流通并交易。

那么，区块链技术将如何推动数字资产与实物资产的孪生性呢？这并非一朝一夕之功，而是要通过完成数字资产服务的框架设置来达成。

元宇宙的数字资产服务框架总共包括五层，从基层到顶层分别是硬件层、软件层、数字层、规则层和应用层，如表3-1所示。

表3-1　数字资产服务框架

应用层	App 等	提供数字货币服务
规则层	数字治理系统	提供数字监管服务
数字层	数字资产	数字资产交易服务、数据交换共享服务
软件层	应用软件、基础软件	广泛使用的各类软件
硬件层	终端设备、数字化基础设施	包括智能手机、智能眼镜、虚拟现实设备、触觉设备，5G、物联网、计算中心、云存储设备等

元宇宙的数字资产服务框架如下。

首先是硬件层。硬件层包括元宇宙赖以存在和表现的所有机器设备，它们是产生、储存、应用和分析数据的设备载体。从经济学层面来看，它们属于公共服务系统。从技术层面，可以分成传统硬件、数字化硬件和终端设备。其中，数字化硬件是指各类电子设备，如5G、物联网、计算中心、云存储设备等。终端设备则是指人类体验元宇宙的直接设施，如智能手机、智能眼镜、虚拟现实设备、触觉设备、脑机接口等。

其次是软件层。软件层包括基础软件和应用软件。基础软件即能提供公共服务的软件系统，如操作系统、数据库、云计算系统等，这些系统均为新型信息技术支撑的智慧服务平台。应用软件即将硬件层和数字层直接连接的关键工具，包括个体和组织能使用的各类软件集合。

再次是数字层。数字层是硬件层和软件层产生的数据集合，主要包括数字孪生等技术所需的大数据中心。通过数字层的部署建设，可以针对现实世界的需要，创造出数字化克隆体。突破现实世界时空限制的技术，如区块链、数字货币等，也是服务于该层次的重要技术。

最后是规则层和应用层。应用层负责将数字层形成的数据加以落地，形成经济效益。而规则层则在其中提供具体规则，构建完善的保障环境。

规则层主要包括约束和监管两方面。约束包括政府、协会等制作的法律法规、行业标准、技术规范等，其中的一些内容可能会直接改变某些应用的发展方向。监管则是确保元宇宙作为经济市场自由运行的手段。

应用层主要包括各类应用程序等，能深入到用户的具体消费、投资等日常经济行为中。应用层主要利用新型信息技术，结合具体的实体产业发展态势，满足用户在不同消费场景下的需求。

上述五个层级共同形成了元宇宙数字资产服务框架，保证了数字资产和实体资产的相伴共存。

02　平权丨价值分配实现按贡献分配

> 共建是元宇宙的核心，帮助更多的开发者实现梦想是星迷宇宙团队的使命与初心，准备好一起进入元宇宙，建设我们的未来家园。
>
> ——三金先生

在越来越多技术落地、应用诞生的大趋势中，元宇宙的全面到来只是时间问题。而这个新互联网时代的降临，必然带来新的社会平权潮流。届时，由于人工智能成为元宇宙的底层架构，人类将更多地按照各自贡献的大小进行价值分配，而不会受到种族、肤色、语言、性别、容貌甚至学历的影响。由此，和谐、自由、平等的社会主义核心价值观理念，将在元宇宙的价值分配体系中充分彰显和体现。

农业时代，平权几乎只是类似宗教的梦想。传统工业时代，情况有所改观，但社会评价人们贡献价值的多少，依然并非总是根据每个人的具体投入和产出进行衡量，更多要看劳动者具体所在的平台层级，即位于产业链的什么环节。尽管很多劳动者辛苦投入，但由于他们所在的企业没有抢占先机，也就直接导致他们没有得到应有的认可和回报。而即便一些劳动者在“大厂”辛勤工作十余年，但最终迎来的却是被优化、被清退，没有人会记得他们贡献过什么。

当元宇宙到来时，社会价值的贡献评价体系会得以重新构造。社会经济体系将再次回到互联网时代刚开启时。平台级大企业将重新诞生，资本也会重新围绕这些企业，卖力地打造供应链、产业链、价值链，并进行虚拟数字经济的财富再分配。

作为普通人，我们将见证并经历财富再次分配的变革机会。在变革中，新的产业、行业和企业会如雨后春笋般出现，普通人能在虚拟和现实交错的人类世界里，投入地贡献自我价值。

从数字资本的发展规律和特性来看，个人对元宇宙的价值创造有两条主线脉络可供选择，分别是虚拟原生和虚实共生。如图3-2所示。

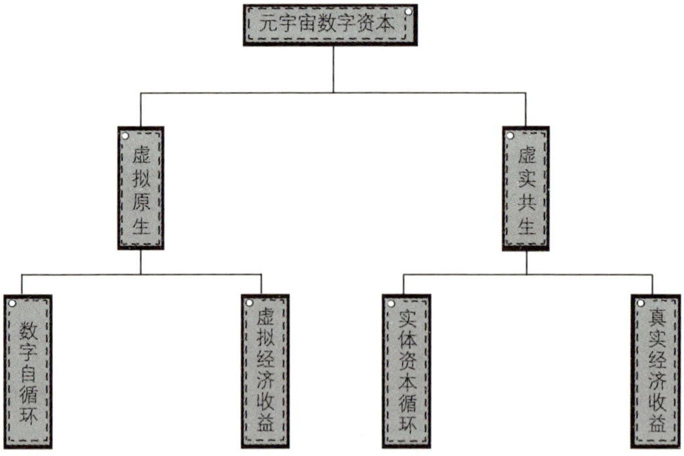

图3-2　元宇宙价值创造的主线

在虚拟原生的价值创造中，个人可以围绕虚拟人形象展开贡献，提供数字交换价值和附加价值，以参与到数字经济系统的自循环中，为整个虚拟社会创造经济增值。

虚拟人的诞生，可以看作普通人从移动互联网App头像打造入口，进入元宇宙空间的过程。传统意义上的互联网经济，经历过头像、换装的价值缔造阶段，诸如QQ头像、QQ秀等，都曾推动过互联网经济的兴起和发展。而用户走向数字虚拟人，既是元宇宙时代用户个性化表现的重要需求，也是参与价值贡献的必由之路。

正如个人在社会中必然会做出经济贡献一样，虚拟人是元宇宙数字经济的行为主体，通过其经济行为，创造虚拟价值的增值。虚拟人的经济行为能满足其在虚拟社会的生产生活基本需求，由此创造出数字使用价值。例如，虚拟人基于其数字身份，进行数字劳动、数字消费、数字房地产投资、社交互动等，这些都能为元宇宙经济注入新鲜血液。

2004年，Roblox成立，其初衷在于为青少年提供可以发挥创造力的平台，并兼具游戏、社交、教育的属性。因此，Roblox提供游戏内容，也提供创作工具，用户可以利用工具创建内容。发展至2021年，Roblox的用户在这个平台里搭建、变化和拓展了将近2 000万种内容体验，其中1 300种体验获得了广泛传播。

用户在创造内容时，可以自主创作游戏，并邀请其他用户参加，随着人数的增加，游戏活动规则会越来越完善，参与的用户也可以提出建议，让玩法变得更为多样化。通过这一平台功能，用户能通过自身贡献分享整个平台的价值。

用户可以在电脑、手机、游戏主机或者VR头盔上进入Roblox，并注册、创建自己的数字虚拟形象，然后就能访问该平台上的各类虚拟世界，进行游玩。为了得到更好的体验，用户可以兑换游戏货币Robux进行消费。当他们消费时，付出去的大部分Robux将由消费道具的开发者赚取，平台只在其中收取佣金。那些进行开发、搭建的用户，从平台上赚到Robux货币后，也可以将之进行消费或投资，或者兑换现实世界中的法定货币。

通过这一系统，Roblox 形成了良好的经济体系。2020年，有超过120万的开发者赚到了Robux，其中上千名开发者收入达到1万美元。唯一的问题是，Robux需要花费相当大的资金进行平台运营和维护，这导致公司并未盈利。

Roblox的案例完美预示了未来元宇宙的经济体系内，个人如何通过数字贡献，分享整个平台所产生的经济价值。唯一的区别是，那时的价值平台将不再限于Roblox这一家公司，而很可能是一个巨大的、覆盖全世界、打通所有平台的数字虚拟环境。届时，个人在元宇宙上的贡献也不仅限于数字虚拟价值，而是可以通过分享、下载等方式，联系到现实世界生活中。

例如，具备专业技术的个人和组织，可以在元宇宙内搭建技能操作训练系统，其中包括虚拟具体的职业环境，如操作台、流水线、车间，还包括演示、练习、纠正、反馈等系统。用户可以在付费之后进入系统，完成职业技能训练。这样，所有现实世界内与人工有关的职业技能，都可以在线上进行模拟，线上的创作者们将由此参与到对线下经济增长的贡献过程。

元宇宙经济凭借其强大的非物质性、非能源性，杜绝了从行业链顶端就加以垄断的可能性。相对而言，想象力、灵感、创意、知识、经验和付出的时间多少，将成为元宇宙衡量劳动者贡献大小的重要标准。当然，个人通过元宇宙平台获得价值，也离不开必要的技术前提。例如，元宇宙需要利用区块链技术，对个人所生产的数字内容进行上链确权[①]，使其创作的数字内容具有资产属性。数字内容需要通过平台方的中介，建立内容和内容之间、内容和用户之间、用户和用户之间的价值关系，其形式包括版权的交易平台、协同平台、保护平台、流通平台等。最后，在数字内容变现即为用户提供价值时，还要利用法定货币进行交易，以保证用户的个人贡献在变现过程中的安全合规。

03　创造 | 每个人自身就是最大的数字资产

> 我会在构建星迷世界时，留一个可进入星迷宇宙空间的入口，每个人都有机会找到并获得宝贵的财富。
>
> ——三金先生

“我是谁？”“我从何处来？”“我要去往何处？”这是西方哲学的终极

---

① 指利用区块链上权威节点见证的取证证据效力，确定知识产权的法律归属权。

三问。元宇宙或许同样无法完美地解答这三个问题，但却提供了一套人类个体评价自我、实现自我的路径。借助元宇宙，人们可以将原本碎片化的线上自我拼成完整的“我”，将之呈现在所有人面前，并成为自己最大的数字资产。

作为一个普通的农家女孩，李子柒在2016年之前默默无闻。她在城市里待过8年，当过服务员，做过酒吧DJ……为了照顾生病的奶奶，她又回到农村。2015年，她开始拍摄一些自己擅长的事情，制作成简单的短视频，以提升自己淘宝小店的人气。2016年，她把自己做兰州牛肉面的视频传上网，结果意外走红，全网观众突破5 000万。此后，李子柒一发而不可收，她充满“中国田园诗歌”意韵的短视频获得了世界的认可。

李子柒的成功离不开移动互联网，也离不开Youtube、微博、抖音这些发布平台，但最重要的是，离不开她将自己的个性、能力、经历等因素融合成短视频中的那个“农村女孩”形象。这个形象如此完整、真实，受到全世界许多移动互联网用户的喜爱。

然而，在移动互联网上，绝大多数人都没有如此的幸运和实力，去塑造一个完整的个人形象并将之用于变现，但元宇宙可以。

众所周知，元宇宙是依赖人工智能物联网和先进运算技术的虚拟世界。在虚拟世界里想要有所贡献、分享价值，离不开个体创意的灵感。但创意不会是空穴来风，它来自元宇宙本身，更来源于现实。元宇宙越是成熟发达，对真实的需求就越大，这也意味着只有来自真实生活的人格，才能带来真正具备创意的灵感，并创造出价值。

如果我们顺着这条思路走得更远一点，就能看到更远的未来。

在加密货币兴起之后，西方有人设计了一款独特的社交网络。该社交网络根据每个用户的个人社交影响力、品牌力，计算其个人价值。随后，再根据每个用户购买的自主加密货币数量，结合个人价值，发行对应的代币。这样，每个用户都如同一家传统的上市公司，能通过代币的发行，吸引别人投资。用户获得投资的数量越大，个人价值就越大。虽然这种方式因前所未有而受到争议，但从未来角度看，这无疑是将个人品牌直接转变成数字资产的新途径。

在这一思路下，用户不需要再通过营造李子柒那样的人设，利用短视频和电商平台来获取价值变现，而是像上市公司那样，直接获得数字资本市场的认可，并由资本"用脚投票"来决定个体的市场价值。

目前看来，这种完全将个人等同于上市公司的思路有些过于激进，无论是在技术层面、监管层面还是伦理层面，都存在争议。有没有一种工具能更好地将个人价值加以延伸，体现为可衡量的数字资产？答案是肯定的，那就是NFT。

NFT是近年来的热门词语，听上去似乎令人有些摸不着头脑，更难以理解为什么一张图片加上NFT就会身价暴涨。实际上，只要我们弄清其中蕴藏的数字资产原理，就不会觉得奇怪了。

NFT，即非同质化代币（non-fungible token）。与比特币等加密货币一样，NFT使用了区块链技术，但能支持的资产远不止金钱，而且包括艺术品、音乐、图片、视频等资产。目前，已有明星通过NFT技术将个人的虚拟头像变成了数字资产，他就是NBA球星斯蒂芬·库里。

2021年8月，库里将自己推特账号的头像换成了一只蓝色的猿猴。在过去，这并不算什么大事情，但这一次情况有所不同，因为这张图片是库里用价值约18万美元的数字代币购买的头像NFT。尽管库里有着高达千万美元的年薪，但花18万美元购买一张图片还是令人匪夷所思。

NFT不可分割，这一点和其他大多数加密货币不同。1个比特币可以分割为10个0.1比特币、100个0.01比特币，而NFT的最小单位就是1。同时，每个NFT都是唯一的，承载了“物以稀为贵”的价值观点。当库里利用NFT技术将其头像标记上链认证后，所有交易或使用该头像的行为，理论上都应该向他提交相关收益。

如果把NFT和人类个体对应，我们可以发现，它具备的特性恰恰也是每个人的自然特性。作为个人，我们的身体都是不可再分的，也同样是唯一的。在现实世界中，人之所以不能成为商品、资产，是因为数千年人类文明进步的成果让法制、道德、伦理都不允许这样做。但在元宇宙虚拟世界中，每个人投影其中的只是数字虚拟身份，其中也包括了肖像、声音、动作、知识、经验等等，在这个虚拟世界中，它们完全可以作为个人数字资产而非人的本身，进行赠送、分享、收藏、运营和交易，也不会产生相应的社会问题和道德问题。

韩国的SK telecom公司打造了一个名为JUMP的App，该App可以由用户根据个人特征，设计AR形象，并将之用于在现实场景中进行拍照和录制视频。App还和众多韩国明星联名推出了AR形象，并在体积视频捕捉技术基础上，让用户能随时随地和这些虚拟明星偶像合影留念。

在另一个名为UNIVERSE的韩国元宇宙类平台上，用户可以收到数字技术深度学习后模拟生成的明星语音信息。此外，用户也能自由地装扮那些“爱豆”的虚拟偶像，并训练他们掌握新的舞蹈动作等。

在元宇宙中，类似的数字资产运营案例将比比皆是。明星可以将自己的一句音频祝福通过NFT标记上链，以此确定个人著作权并加以销售，也可以将自己的头像采用类似方法在元宇宙里进行销售。由于明星有着广大的线下流量，他们在元宇宙自我变现的优势会更加明显。

事实上，除了与个人生理特征直接相关的内容，个人行为数据同样能成为资产，尤其是行为轨迹信息。元宇宙中，用户的行为都会被系统记录，并能通过算法自动和其他数字虚拟个人和组织进行互动，如广告投放、好友推荐等。个人行为数据作为资产同样至关重要，它体现了个人用户的内在本质。

“人为天地之灵”，在过去，这句话并没有被现实完全体现，而在元宇宙，虚拟技术将让个人价值达到有史以来最值得期待的高度。

04　值钱丨数字藏品的巨大红利

世界的进步因为人们的“经验”而滞后。

——三金先生

虚拟世界中，数字资产的巨大作用已不容置疑。但是，数字资产从何而来？其中之一的答案是：数字藏品。

数字藏品，即在互联网上流通和收藏的数字形式商品。元宇宙中，大部分数字藏品都有具体、多样的形式。例如，有的是能提升虚拟人物技能水平的道具，有的是能美化虚拟形象的皮肤、服装，还有用于虚拟交通工具的能量、燃料，用于虚拟住所的家具、装饰品等。这些都能在元宇宙提供的商店等渠道中购买。

数字藏品和数字资产有相似点，但也存在显著差别。数字藏品和数字资产的差异性如图3-3所示。

数字藏品和数字资产的差异性体现在以下几个方面。

首先，数字资产在整个元宇宙内数量是有限的，因此会存在竞争性，即用户会围绕数字资产进行竞争。而由于技术的进步，数字藏品则是可以无限生产、创造、流通的。

图3-3　数字藏品和数字资产的差异性

其次，无论用户是否进入元宇宙平台中，数字资产都在那里，始终维持着应有的当前价值。而数字藏品只有在利用互联网连接加以验证时，才能证明其唯一性，并体现出价值。数字资产的价值具有持续性，而数字藏品并不具有，如果不能连接网络，数字藏品可能根本一文不值。

再次，数字资产的附加价值会由于不同用户的身份而上涨或下跌，即具有一定的附属性。例如，同一款数字货币兑换成不同国家的法币，可能会产生价值波动。但数字藏品在一定市场内，价值是恒定的，并不会由于改换收藏者而发生价值的波动。

最后，数字资产能用于生产和交换，也可以利用现实世界的法定货币直接购买、转让和交易。而数字藏品是否具有这样的功能，要依据所在的元宇宙平台规则判断。

无论数字藏品和数字资产有多大差异，人类利用数字藏品赚钱的行为都由来已久。

2007年，在《魔兽世界》游戏内，玩家Zeuzo将自己收藏的“埃辛诺斯双刃”出售，获得了7 000欧元。随后，将数字藏品转化为数字资产，再兑换成法定货币的事情不胜枚举。

2010年游戏《安特罗匹亚世界》内，玩家约翰·雅各布斯将自己的“不死俱乐部”出售，获得63.5万美元。而这个数字藏品是他当初用10万美元贷款买下的。

2017年至今，在Decentraland公司网站https://play.decentraland.org/里，存在一个利用虚拟现实方式构建的三维世界，其模拟了相当于现实中900万平方米的土地面积。在这个平台内，土地交易的所有操作都受到区块链技术支持，并基于以太坊网络进行记录。平台内不同的地块有不同的价格，其中相当于城市中心的“创世纪广场”交易价格高达27万美元。

正是在上述过程中，数字藏品的红利被不断释放出来，一种全新的价值积累手段开始形成。数字藏品通过大数据、孪生数字、镜像技术等手段予以“生产”，再通过区块链支持的加密货币进行流通变现。这样，数字藏品已然摆脱了曾经的“玩具”形象，而变成了交易载体，获得了从虚拟经济走向实体经济的可能性，甚至还扮演了改变传统经济格局的创新角色。

数字藏品的红利释放开始之前，数字技术被动地改变着虚拟世界和实体世界，它被人们有意识地用来进行复制和传递信息。而未来，数字藏品将反过来改变虚拟世界和实体世界。

实际上，数字藏品对实体世界的影响，可能在你未察觉的当下，已悄然开始了。

2022年2月，全球瞩目的冬季奥运会在北京召开。从2月4日到20日，各项赛事在北京和周边地区有条不紊地开展，而在场外，各类NFT藏品也成为本届冬奥会加油的旗帜。

冬奥会期间，国际奥委会官方授权的冰墩墩NFT数字盲盒，在北京率先发售，其中包括了数字胸针、官方授权吉祥物冰墩墩形象，还有北京2022年冬奥会官方会徽、海报等。首批盲盒上线后销售一空，价格也从99美元上涨到最低2 000美元、最高88 888美元。

当然，这并不是冬奥会唯一带火的NFT数字藏品。由于抢不到冰墩墩，很多年轻人转而将目光投向冬奥会雪花NFT。在北京冬奥组委会文化活动部的“冬奥雪花”线上项目中，只要用户输入名字和手机尾号后四位，就能获得自己专属的冬奥会雪花NFT。随后，“央视频”、小红书等平台都参与其中，推出一系列限量领取数字雪花活动。阿里巴巴通过淘宝销售“阿里巴巴奥运云徽章”系列数字藏品，腾讯则上架了伊利冠军闪耀2022数字系列藏品。

在这次冬奥会中，从官方到企业纷纷采用数字区块链技术，将图片、视频等内容附加在实体商品上，并通过生成的独特数字标识符，形成数字藏品。从虚拟层面来看，用户购买实体商品的同时，也获得了其中的数字价值。而从实际层面来看，这些具有数字藏品的销售，也同样发挥了推动实体活动开展的重要作用。

数字藏品固然蕴藏了巨大的红利，但我们也同样应该树立正确的观点。

要知道，并非所有在元宇宙或者虚拟数字世界创造的NFT内容都可以被称为数字藏品，这是因为数字藏品和普通藏品的区别更多体现在载体上。对于物理世界而言，藏品的载体可能是卷轴、宣纸、丝绸、玉石、黄金等，如名家书画、玉石雕塑、黄金首饰等。数字藏品的载体则是一段数据。NFT技术的诸多特性，如唯一性、不可替代性和可追溯性，解决了线上藏品更容易被复制、盗版的问题，从而能将数字艺术品变成真正的数字藏品。

在现实世界，人们收藏的是书画，而不是作为书画载体的宣纸。同样，人们在虚拟世界中收藏的是数字藏品，而不是作为载体的技术。即便使用了先进数字技术的数字藏品，其价值也有所不同，关键要看内容是否关联重要IP、创作者的知名度和影响力、艺术作品的水准等等。

在元宇宙内，凡是那些具有历史代表意义、体现优秀原创能力的数字藏品，都具有各自不同的价值，并很可能不断升值；而那些来源普通、在现实世界中缺乏影响力的数字藏品，则很可能难以形成交换价值。例如，一幅普通的中学生漫画作品，经过NFT技术加持，是否能成为数字藏品？答案是：很难。因为这样的数字藏品在未来的元宇宙会遍地皆是，并没有什么特殊点。但如果这幅漫画作品是今天的某个流量明星创作的，而且是他创作的第一幅作品，是送给全国粉丝的代表作品，那么在经过NFT技术传送到元宇宙之后，价值会变得完全不同。

2022年元旦，周杰伦和好友创办的潮品牌“PHANTACI”发售了首个

NFT项目“幻象熊”，限量1万个，单价6 200元。在上线5分钟之内，售出3 000个，40分钟后全部售完，营业收入6 200万元人民币。虽然周杰伦的杰威尔音乐有限公司声称，他并没有参与该商业行为的任何环节，也没有受益，但周杰伦和妻子昆凌随后又很快在个人社交网站上换上了“幻象熊”头像。

在当下的互联网平台上，“幻象熊”不过是一张头像图片。普通大众看来，任何人都能复制使用这张图片，很难理解为什么需要花费重金来购买。实际上，这些叠加了星星眼的小熊都是通过算法生成的，每只幻象熊都有一组独有的特征，并能作为Ezek平台俱乐部会员卡使用。任何一只幻象熊，都能为其所有者带来独特的访问级别和权限。例如，它可以作为虚拟现实演唱会的NFT门票，或者通过虚拟现实地产产生更多权益。

但无论如何，“幻象熊”如此受到欢迎，还是基于很多粉丝对周杰伦的喜爱，他们同时看到巨星背书的升值空间，而购买了这一NFT绘画作品。

除了周杰伦之外，林俊杰、徐静蕾、鹿晗、余文乐、陈柏霖等娱乐明星，都先后不同程度地涉足了NFT数字藏品项目。在流量明星和造福效应的影响带动下，明星站台数字藏品，客观上助推了元宇宙相关产业的发展，为NFT技术的火爆推波助澜，也让数字藏品的交易数据呈现指数级上升趋势。

目前，我们依旧无法估算当下的数字藏品市场规模，更难以计算未来元宇宙的市场情况，但总体来看，数字藏品价值的暴增，应该是大势所趋。

正如区块链上诞生的加密货币一样，数字藏品在很大程度上还具有发展不确定性，出现价格的巨大波动也很正常。如果将数字藏品与股票、基金等传统投资项目比较，其收益会更大，风险自然也会更大。一个新的财富机会诞生之后，必然会面临不同的洗礼，才能形成传统积淀。只有当数字藏品发展成熟后，人类才能真正确定它的价值。

05 财富丨数字资产会引爆财富增长

从二维到三维，从知识产权到数字资产，从工程师到数字艺术家，从物理空间到无限可能，我们的世界正在发生前所未有的变化。

——三金先生

社会整体财富增长的重要瓶颈，即人们所熟知的“内卷”。内卷的根本原因并不在于“剧场中第一个站起来的人”，而是资源总量的匮乏与实际需求的上升。元宇宙之所以能打破内卷瓶颈，引爆财富增长，关键在于开辟新的资源。

以互联网产业为例，我国的互联网三大业务分别是搜索、电商和社交，其代表企业是百度、阿里巴巴和腾讯，即传统互联网企业三巨头“BAT”。在BAT多年来持续不断的发掘和耕耘下，三大互联网业态所拥有的市场资源被瓜分殆尽。

例如，我国的电商网站有5 000多家，而大家所熟悉的平台类电商则有十几家，除了淘宝、京东、拼多多之间已展开激烈竞争外，抖音、美团、字节跳动这些原本和电商毫无关系的平台，也纷纷加入战场。其中每个平台电商内部，又有多达几百万的卖家。由此形成的强大营销能力，已让我国整个电商界的用户数量高达六七亿人。如果不信，你可以看看周围，还有谁手机里没有装上淘宝、天猫、京东？即便自己不网购，其家人也可能属于网购群体。

与此类似，百度搜索覆盖的用户数量高达七八亿。微信之父张小龙演讲表示，每天有10.9亿用户打开微信，7.8亿用户进入朋友圈，微信支付更是如同钱包成为生活用品。而登场仅6年的抖音，用户数量也达到将近7亿。

即便蛋糕是14亿人的大市场，但在迅猛的产业发展势头中，财富增量空间早已有限，存量部分成为企业反复厮杀的重点。内卷不再成为选择题，而是变成了不得不参与的“送命题”。

更麻烦的是，许多行业都呈现出同样的问题。例如，作为互联网产业基础的电信运营商，多年来始终在争抢客户，但现在每个人几乎都有一两个手机号，新入网用户数量逐年下降已然是不争的事实。无论三大运营商谁“卷”来的蛋糕更多一点，整个行业的利润总量也不会比以前更大。再加上出生率持续下降（2021年全国净增人口41万）以及人口的老龄化，许多行业都找不到新的突破点，财富增长也就难以为继。

这种情况下，元宇宙呼之欲出，成为提供新增量空间的业务。在这片未来的蓝海里，参与者不需要去进行恶性竞争，无论谁打造出新的产品、专利、业态，都有全中国人口基数作为潜在的用户群体，甚至可能像抖音那样在短时间内火遍全球，获得丰厚利润。因此，仅从商业模式角度而言，元宇宙就能提供新的市场空间。

除了市场之外，元宇宙还能满足其他的财富创造需求。它可以为资本提供新的投入点，为技术带来新的应用场景，也能为用户带来新的体验。

产业孵化离不开资本，而资本又渴求产业回报，一旦有新的商业模式出现，资本为了获取回报，就很可能竞相涌入这些前沿产业中。而前沿产业为了得到宝贵的资本，也会努力打造各类新概念，并通过技术应用场景来完成资本的落地转化，实现财富变现。

我国改革开放已四十多年，市场经济已全面建立，需求大于供给的态势已发生转变，需求开始缩减，供给趋于饱和。放眼国际，战争动乱、地区不安定等此起彼伏，如此大背景再加上各行业增量市场的缩小，迫使资本寻找新的概念作为发力点，进行资本运作。如果找不到发力点，热钱无处可去，经济就会从增长变为下滑。元宇宙将能带给资本全新的想象盈利空间，激活那些沉睡资本对新商业模式的渴望，这些都能让元宇宙成为最佳的资本跑道，助推财富的起飞。

财富增长还离不开技术创新带来的赋能与变现。近年来，5G技术在我国的普及速度相比西方国家更快。到目前为止，我国已经架设了上百万的5G基站，其商用转化效果明显。但实际上，无论是用手机购物，还是看视频或直播，都并非5G网络不可，4G网络同样能很好地满足需求。5G技术的广泛应用，尚需具体的大众性产业空间。同样，无论是区块链、人工智能还是大数据技术，都是目前各主要国家重视发展的战略核心技术，其技术变现也有着和5G类似的尴尬处境：公众性的大场景迟迟不来，小众性的场景又满足不了技术投资的回报要求。

破解技术变现的重任，落在了元宇宙的身上。元宇宙对网络的速度、带宽、延迟等方面的要求，远远超出现有的移动互联网。

目前的网络技术下，下载并观看一部高清战争片，如《中途岛》，所需要耗费的数据量大概是3~8G。

在元宇宙互联网，想要体会到和第二次世界大战飞行员在同一艘航母上起飞的身临其境感，每秒钟需要耗费的数据量大概是150G。

现有的5G网络，理论上每秒钟能传输的数据量只有125M（1G=1 024M）。

因此，元宇宙必然会在不久的将来，对人工智能、区块链、大数据、物联网、互联网技术乃至各类硬件设备生产制造技术，提出跨越式的发展要求。这将为技术变现提供积极机会，也将让相关的开发者、从业者得到财富增长的良机。

财富的增长，同样来自用户对新体验的追求。

回顾互联网产业历史，1994年互联网进入中国时，主要体验只有文字阅读，连图片带来的视觉刺激都没有。随着网速提升，用户才开始拥有视觉、听觉体验，当移动互联网技术兴起后，又有了直播等实时分享的体验。在此过程中，用户就像在互联网中成长的孩子，一步步意识到并发掘自己的需求，一步步愿意为之购买硬软件设备、付费成为会员。

那么，用户是否还在追求新的体验呢？

科幻电影《黑客帝国》里有一段令人印象深刻的对白：“我知道我刚才没有吃牛排，但是我的大脑给了我信号，告诉我刚才吃下去的就是牛排。”

今天，无论用户是否愿意付费，都不可能通过互联网直接获得类似的体验，但这并不代表用户没有获得的意愿。

试想，当用户在抖音上看到美食博主的视频时，虽然能听到博主介绍怎样煎牛排，能看到牛排在铁板上嗞嗞冒气，但却无法通过互联网嗅到牛排的诱人香味，也无法拥有肥嫩多汁的口感。如果有一种全新的互联网，能让用户感受到关于牛排的所有一切，并让他们沉浸其中，那么他们将愿意为之付费。原因不难理解，就像现在的互联网视频平台有了大批付费用户，而20年前，根本没有人付费购买互联网视频。其中差别显而易见：20年前的互联网视频模糊、盗版、不完整，现在的互联网视频高清、正版、成系列。用户只有体验到了差异，才会产生消费的冲动，而这恰恰是财富诞生的源头。

元宇宙能打破内卷的瓶颈，为资本带来新的动力，为技术带来新的应用，为用户带来新的体验，因此，元宇宙里会诞生种种意想不到的数字资产，引爆全人类的财富增长。

06 经济丨创造全球经济的新蓄水池

从生产到消费，元宇宙都将打破现有经济模式的桎梏，激发传统经济的发展动能，实现各行各业的高质量发展。

——三金先生

社会、经济和技术应用的不断发展，为元宇宙带来巨大的未来市场。元宇宙凭借其虚实共生的特点，终究会为人类提供全面数字化转型的方案，而其中不可或缺的任务就在于创造全球经济的新蓄水池。

如同曾经的蒸汽时代、电气时代一样，我们所处的信息时代同样能为经济带来新的增长点。一方面，元宇宙是新的互联网形态，蕴含着比现有产业类型更多的机遇，元宇宙的时空无限性质，决定了其能产生的理论经济规模可以数倍甚至十倍于现有的经济规模。另一方面，元宇宙离不开先进技术和硬件的支持保证，其发展也将对现实世界现有产业提出要求、为其赋能。

来自中国信通院的调查数据显示，2020年，我国的数字经济规模已达到39.2万亿元，占GDP比重达38.6%，对社会经济发展贡献进一步提高。同时，数字经济在农业、工业、服务业中的渗透率也不断增长。可想而知，随着经济的恢复和增长，互联网还会在经济发展中扮演更为重要的角色，其发挥空间只会越来越大。

目前，实体经济存在着诸多问题，限制了社会的高效发展。实体经济的传统运行方式，不同程度地存在资源浪费、数据孤岛等瓶颈问题，导致难以形成数据优势，无法让数据资产来驱动实体经济业务。再加上区域特征与差异，不同企业难以直接享受到公平的市场环境、政策机遇、资源红利等。元宇宙的数字化技术以人工智能和云计算为基础，能让生产运营在一定程度上跨越地理条件和现实环境，在同等条件的虚拟世界环境中，企业能参与公平竞争。事实上，今天实体经济企业纷纷选择上云的现象，已经充分说明上云如同当年的企业上网那样，能进一步发挥互联网特性，推动企业及其所在地区获得更强有力的发展势能。

在生产端，元宇宙提供产品和组织服务的成本结构与现实世界截然不同。由于生产是数字形式的，因此成本主要来自创意和操作，实际生产的边际成本会接近于零。那些导致“弱肉强食”的普通经济规律，很可能会在元宇宙彻底失效。

当下，AR、VR等虚拟现实手段已不限于娱乐、学习，而是涉足于生产端的辅助安装、员工培训等。在一些实验性质的生产流程中，所有员工都能戴上虚拟现实眼镜，在元宇宙世界内共同工作。可以想象的是，通过后续网络技术的支持，会有更多企业的员工将虚拟现实作为必不可少的生产技术。到那时，数字机器做出的操作、形成的决策，将经过人工智能进行辅助、调整、验证、纠正，并采用区块链技术加以记录后，最终传送到现实世界的机器上自动操作执行。执行完成后，生产结果会返回到虚拟世界，由人工智能进行评估，并由所有参与的生产者进行讨论分析，加以确定。由此，员工、机器、原料、生产方法、生产环节的全流程实现线上线下对接模拟，既确保了生产效率，也降低了生产成本。

2022年初，我国一家智能汽车开发与制造企业PIX Moving就进行了类似实验。在这项名为“去中心化汽车黑客马拉松”的活动中，来自全世界的汽车爱好者、工程师、艺术家、电脑高手等诸多领域的人才，甚至只是消费者，都可以报名自行组队，并使用一台由PIX Moving免费提供的VR设备，基于VR汽车设计工具进行协作设计竞赛。

本次竞赛的主题是设计一款微信个人用车，其定位为“个人机甲”，更偏向于个人电子类消费产品，而并非单纯汽车。为了确保参赛者的权益，这家企业还对每个参赛作品进行了NFT确权。

参赛过程中，选手们戴上VR设备就能进入虚拟车库。他们可以在这个世界里任意拿取各类汽车零件，并进行大小调整，确保各部位相互适合。此外，还能随意更换车身的材质、外形、颜色。

PIX moving不仅拥有这样的设计平台，还具备智能生产系统。生产系统的算法和硬件设备能保证设计结果被送到实际工厂进行量产。由此，未来汽车实现小批量定制将不再是梦想。

同样，在消费端，元宇宙的所有产品和服务都具有数字性、唯一性，且消费场景虚拟而独特，这样的特性可以确保新型的商业模式层出不穷，并相互竞争和取代。同时，普通人能在元宇宙获得更多工作和分享利益的机会，他们的消费能力也将被有效提升。

从生产到消费，元宇宙都将打破现有经济模式的桎梏，激发传统经济的发展动能，实现各行各业的高质量发展。

第 4 章

万物 IP 化　鲜明的人格塑造万物的灵魂

IP（intellectual property），直译为“知识产权”。在互联网时代，IP可以理解为所有成品作品、人物、事件、地点的代名词。它们能凭借自身影响力，摆脱平台束缚，进而分发内容、获得流量、组织社群，形成品销效应。因此，IP也可以看作一种产品，即能引发传播效应的产品。

IP孵化，即数字资产确权，是人类通往元宇宙社会的前提。

01 形象 | 你的 IP 就是你的资产

若塑造一个IP角色，需要先设定他的反派。用反派和故事来刻画角色，这是非常奏效的IP打造方法。

——三金先生

一个人最大的资产是什么？不是豪车别墅，也不是银行存款，而是他的个人品牌。个人品牌并非互联网时代的产物，而是自古至今始终存在。

纵览国史，从春秋战国的孔孟老庄，到盛唐时代的诗仙诗圣，再到当今自媒体领域人人皆知的“大咖”，这些是文化属性的个人品牌。从陶朱公到沈万三，再到清朝末期的胡雪岩，这些是商业属性的个人品牌。放眼全球，各领域内杰出的个人品牌更是不胜枚举……传统时代里，人能拥有品牌价值很大程度上取决于其能否在某个领域、某个群体里成为顶尖者。当然，匍匐在精英脚下的芸芸众生，可能连生活下去都面临困难，想要形成个人品牌更是痴心妄想，也就成了历史典籍中的“白丁”“庶民”。

但是，这一无情的定律在移动互联网时代开始被终结了。无论中外社会，在“网红经济”“眼球经济”的孕育下，个人品牌的诞生、推广、变现，已经成为一种新兴产业，正如互联网电商、金融和出租车业务一样。在这样的大背景下，个人IP凸显其重要性，对个人而言，IP开始填补品牌的空白。

个人IP可以理解为以自然人作为载体的商业价值。因此，个人IP和个人品牌有一定的区别。个人IP可挖掘的商业价值，要远大于个人品牌，即使那些并非在某个领域和群体里优秀的个人，也可能很偶然地建立起个人IP。

2018年，杭州某房产中介员工小吴想要理个发。他走进一家理发店，选了一个免费体验的套餐。在“享受”免费的过程中，他被推荐了一款1万多元的套餐。等他清醒过来，还是付了2 500元才能离开。小吴觉得自己被坑了，找来了当地媒体维权，这件事并没有引发多大关注，小吴却由于自己高耸的发际线、独特造型的眉毛而成了网络红人。

随着小吴图片的不断传播，关注他的人越来越多。很快，他成了一名流量“网红”，为横店代言广告，还上了当红的综艺节目。

当然，小吴这样的个人IP，其热度的影响时空范围是有限的。事实上，他的蹿红只维持了短短一段时间，就泯然众人矣。

在互联网时代，真正能带动并维持商业发展势头的IP，只会是那些最具价值的超级IP。超级IP始终自带超高的人气，无论何时何地，都能带动超多的流量，将其他IP远远甩在身后。拥有超级IP是每个内容制作和传播团队的梦想，他们都曾想象过如何将个人IP打造成为超级IP。因为一旦成功，就意味着个人IP将不再受限于现实世界中个人的名气、成就、近况等评价，甚至像邓丽君、李小龙这样的个人IP，会超越其真实生命长度而存在，形成具有长期生命力和巨大商业价值的跨媒介内容。

随着新的互联网平台经济和生态体系不断搭建，数字网络技术的迅猛发展，降低了进入互联网的门槛。无论是明星名人，还是普通民众，都可以尝试利用互联网平台打造属于自己的IP。这也意味着许多持有个人品牌的明星名人，正在想方设法将品牌转换成为IP。正因如此，未来的元宇宙中，最值钱的个人IP，极有可能率先诞生于现有的名人明星中。

实际上，互联网个人IP的发展历史，就是一部名人明星将线下流量不断带入线上的历史。

PC互联网时期，徐静蕾凭借“博客女王”这一称号树立了最初一代明星IP。据称，她是全球首个突破1亿点击的博客主。从清纯玉女形象，到中国最美女导演，再到首个博客主，徐静蕾的IP长盛不衰。

在移动互联网时代，姚晨凭借亲民形象、幽默文风、家常内容，长期占领了微博人气关注榜的宝座，成为“微博女王”。

2018年后，粉丝经济全面兴起，在万物皆可为媒体的社交网络时代，具有高知名度、高影响力的明星等，在移动互联网社交平台中，积聚了大量关注者和粉丝，进而形成“圈子”效应。在各自的圈子内，这些明星构建起独立的个人超级IP，并以此引导和影响粉丝的行为倾向。

值得注意的是，粉丝经济时代，并非只有影视娱乐明星才能拥有超级IP。在传统“明星”概念的基础上，个人超级IP被重新定义了。那些原本只是在各行各业的专业圈层内拥有知名品牌的顶尖人物，在这个时代纷纷或有意或被动地“出圈”，形成超强影响力。例如，科学界的袁隆平、商业界的董明珠、体育界的谷爱凌……他们的个人IP同样成为互联网经济体系内的重要资产。

虽然互联网个人IP层出不穷，但普通的个人IP最终都只能红一时而不能红一世，真正具有长期商业价值的，还是具有跨越圈层能量的超级IP。如果你已初步具备这样的实力，恭喜你，你的IP即将为你送上跨入元宇宙时代最丰厚的礼物。如果你不具备这样的实力，也无须遗憾，因为你的IP虽然不可能长期具有重要价值，但只要能维系在某个垂直人群范围内的影响力，也足够为你带来长远收益。

结合互联网曾经的发展轨迹，我们可以大胆推测和设计元宇宙中个人IP的打造和变现环节。

第一步，构建超级个人IP。

元宇宙为超级个人IP的传播提供了广袤的空间，与现有移动互联网不同，元宇宙能提供给用户视觉、听觉、触觉、嗅觉、味觉等系统的感官信息，而这些信息都能成为超级个人IP的载体。随着传播机会的增长，对IP本身的价值也提出更高要求。

因此，元宇宙超级个人IP的构建，需要从IP本身是否具备潜在价值去判断。在发现良好的IP以后，传播机构需要设计、建造一个能完整自我闭环发展的环境，以对其进行长期培育。这个环境是否成熟，要从其表现形式、故事架构、价值观点和长期吸引力进行判断。

更为重要的前提条件是每个人对自身IP价值的意识定位。任何个人IP价值的发掘，都要获得本人的同意和授权，越早意识到元宇宙对IP变现意义的人，就越能抢占竞争先机。

第二步，对个人超级IP进行商业定位。

个人超级IP的商业定位，即针对IP对应消费人群（粉丝）的实际特征，设计相应的个性特征、故事情节、艺术风格和价值观内涵，从而为元宇宙内的传播和互动做好准备。

在着手进行定位之前，个人和机构应该先围绕粉丝的实际需要进行思考，只要能真正精准定位目标人群，并设计让他们感兴趣的内容，个人超级IP就永远不会缺少粉丝带来的商业价值。

第三步，设计IP衍生价值。

一旦开始筹备IP，运营者就应当考虑到元宇宙线上和线下的衍生价值开发。元宇宙时代的IP，尤其需要超强传播能力，要在线上和线下的社交媒体、视频作品、游戏体验中积极互动，将个人IP的变现渠道拓展延伸。

在IP衍生价值设计创造的过程中，有必要将个人IP设计成独特的形象，加入适当的道具，纳入准确的场景，从而创造出可以由用户利用元宇宙互联网技术加以体验的虚拟现实内容或服务。正如迪士尼的成功道路一样，他们将动画片主角形象IP化后，衍生出玩偶、日用品、装饰品、文具等，而最成功的变现渠道当属迪士尼乐园。元宇宙时代的个人IP也能通过线上线下的互动，塑造成完整产业链，让你的IP变成你的数字资产。

02　人格丨独一无二且可控的另一个你

元宇宙时代每个人都会有自己的数字分身。

——三金先生

截至2021年7月，全球各类社交媒体活跃用户总人数为44.8亿，占全世界人口的56.8%。人类之所以如此看重移动互联网，并不仅仅在于希望以此和他人沟通，而是因为那里有独一无二的自己。

通过社交媒体，人们能随手记录自己在学习、工作和日常生活中的点点滴滴，并将之转化为文字、图片和视频的形式，保存在互联网上。同时，人们也能浏览别人的生活痕迹，并展开互动。这两种行为共同塑造了一个生活在网上的自我，这个自我可能和现实中的自我有所不同，但它基于真实，并由于各种细微记录的不同，而显得独一无二。

的确，由于互联网的作用，人们经常“同时”存在于线下世界和线上世界，并很可能以不同的人格形象出现。

在朋友圈里，他辛勤忘我地加班工作，但公司里的人都知道，他有时候也很会找空子休息。

在小红书上，她一次次晒自家烹饪的美食，但家人知道，那些美食有一些功劳归于保姆……

其实，这并不奇怪，因为数字技术的进步，我们拥有了塑造自我形象的自由。须知，在朋友圈晒加班也并非虚假，因为他确实加班了；在小红书上晒美食也并非欺骗，因为她确实参与了。因此，对绝大多数人来说，只要不牵涉到犯罪问题，就无须担心虚拟世界提供的人格自由会导致我们真实身份发生崩塌而变得不可信。

真正值得思考的是，人们之所以在朋友圈、微博、小红书、今日头条、抖音等不同的平台上呈现不同的人格，很大原因在于它们都是未来元宇宙视角下的“孤岛”。当下，App仅仅对应特定的人群，人们只能选择面向不同人群，展示自己性格特征的不同部分，否则，就有可能失去对“化身”人格的控制。

当元宇宙到来时，由于有了沉浸式的虚拟时空幻境，人们将能充分展示独特、立体、全面的自我形象，而不会受到“孤岛”效应的约束。因此，在描摹并控制这个虚拟形象的过程中，人们无须刻意展示人格的某一面，而是能更好地介绍自己、了解他人。

在元宇宙内，能帮助每个人全面展示人格的，正是虚拟数字人技术。这一技术是指利用数字化技术制作虚拟人物。虚拟人物并不需要实际的身体，但需要依赖显示设备才能出现。目前，绝大多数虚拟数字人都需要通过手机、电脑、智慧大屏等设备进行显示。

虚拟数字人的诞生源于人工智能技术的发展。通常情况下，虚拟数字人系统包括人物形象、语音、动画、音视频合成显示和交互技术五大模块。

2021年，虚拟数字人技术的影响力迅速扩大，在娱乐、知识、电商行业，都出现了虚拟数字人技术的身影。作为首个中文虚拟偶像，洛天依已拥有自己的百万粉丝。

洛天依以人工智能语音合成引擎为基础制作，并结合了虚拟的立体形象。只需要一个声库、一个编辑器，创作者们就可以为“她”编辑舞蹈视频，录制歌曲，制作各种动漫周边……通过这些艺术形式，洛天依被从无到有地创造出来，并展示出栩栩如生的人格形象。

洛天依的外形不只是视觉符号，同时也代表着人格符号。在建构虚拟数字人格时，不能只考虑形象的外在表现，还要通过形象来传递个体性格、文化背景、情绪特征、肢体状态等。越是将神形兼备的外在刻画出来，虚拟数字人物才越具有生命力。因此，洛天依选择了和日本、美国动漫虚拟歌手完全不同的造型，她灰发绿瞳，采用古代中国发髻，头戴白蓝色的发饰，颈上佩着传统碧玉饰品，腰上装点着中国结，穿着中国风格的服装。

这种形象显然对应了普通用户脑海中中国本土文化少女形象的特点，表现出性格的温柔、可爱和“呆萌”。

实际上，洛天依最初是一身20世纪二三十年代的中国风造型，而且两鬓头发末端采用了毛笔造型。然而，在将人物造型立体化之后，整个形象虽有中国风味道，但传统和现代感的结合并不理想，反而显示出不协调之感，导致人格表达不自然。设计师在这一版人物形象基础上保留了最初的色调框架，经过反复再加工，让洛天依的人物形象更加真实生动，让粉丝找到了更强的情感体验。

在粉丝眼中，洛天依超级可爱而完美，每一次演出都在努力呈现完美的自己。正是这种独特的魅力，让洛天依从诞生以来不断走上线下舞台，包括2016年湖南卫视小年夜春晚、2017年江苏卫视跨年晚会、2021年央视春晚舞台等等。

随着技术发展，洛天依这样的虚拟数字人将会越来越多，它们将具备四方面的重要能力，以表现完整真实的人格。虚拟数字人的重要能力如图4-1所示。

首先，虚拟数字人拥有人类的外观。

你可以在元宇宙设计自己的视觉外表，包括特定的相貌、服装、视频等，从而表达自己的性别、性格、年龄特征等。这些视觉因素可以与你在线下的真实形象相似，也可以截然相反，或者毫不相关。从反映人格的角度而言，这将更具全面性，更容易产生吸引力。

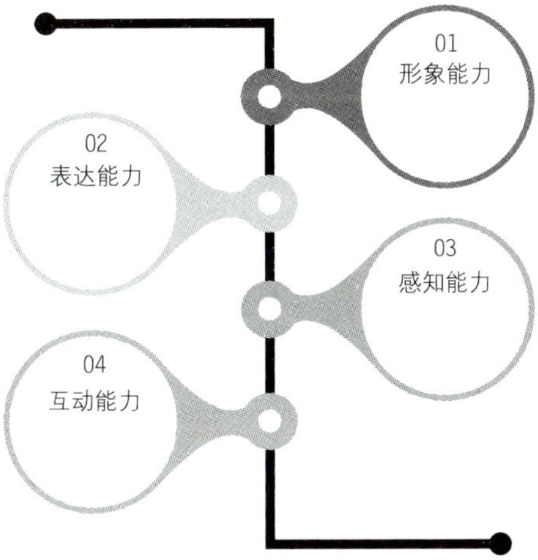

图4-1　虚拟数字人的重要能力

例如，在真实世界里，你是柔弱白皙的年轻女生，这导致了你一次又一次被刚认识的人误会，以为你连矿泉水瓶盖也拧不开，进而等同于依赖他人、需要迁就。但真正的朋友都清楚，你独立、好强、勇敢、能干。于是，你在元宇宙内将自己设计为“机车少女”，战斗服、防风镜、哈雷机车是你的人设标配。显然，这样的形象才能更好地表达你的真实特点。

其次，虚拟数字人拥有综合表达能力。

它们拥有人的言行举止特征，能用语言、表情和肢体动作加以表达。

2021年5月20日，虚拟数字人AYAYI开始在各大社交平台上发布个人形象图，很快收获了大量点赞和收藏。由于照片精美、光影真实，许多人都情不自禁地发出疑问：“她到底是不是真人？”

用通俗语言来解释，AYAYI已经绕过了“二维”“三维”“虚拟”的概念，直接采用了超写实的建模方式，尽可能贴合真人。假以时日，元宇宙内的虚拟数字人形象将能变得更为“真假不分”，其表情细微程度足以帮助你展现任何生活中的情绪感受，而相关技术也将成为人群和人群、人群和场景相互连接的工具。

最后，虚拟数字人拥有人的思想，能识别外界环境，并能和其他用户积极交流互动。

虚拟数字人可以打破原有的社会边界和商业边界，它们相互之间的交流不受时空、语言的限制，能让沟通场景变得更为广阔，提供更多的沟通机会。从沟通的效率来看，虚拟数字人沟通更为高效，对内容的表达也往往更加精准，这意味着沟通中产生的误会将有所减少。无疑，相比当下的文字、语音和视频聊天，虚拟数字人的沟通可控感更强。

元宇宙里，人类将能面对现有世界的一切，同样也会面对自己的虚拟数字人身份。拥抱这样的身份，就意味着拥抱未来。

03　身份丨元宇宙里的角色适配与变化

星迷世界空间，将为开发者提供高效易操作的编辑器。

——三金先生

互联网的强大连接性，不断释放着人类的社交潜力。由于拥有共同的文化、环境和习惯，每代人都乐于在互联网上寻找属于自己的角色，并随着社交行为的增加而适配变化、确定身份。普通人如此，超级个人IP也同样如此。

数字身份与数字形象有所不同。个人在元宇宙内都可以扮演不同的形象，如椅子、桌子、鸟等，而数字身份则是不变的，是个人在元宇宙内具体扮演的社会性角色，包括社会关系、活动历史、数字贡献（指对元宇宙而非实体世界）、财产权利、信息分享等。

对个人而言，数字身份可以看成现实生活中的“身份证”，是在元宇宙内一切活动的重要基础。对整个网络体系而言，没有数字身份体系，元宇宙的数字社会也就无法正常发展。

互联网时代，国内许多明星都选择进入社交平台，积极与粉丝互动。然而，许多超级个人IP并未产生应有的价值，其主要问题在于缺少数字身份的定位。

现实世界中，明星等有各自的专业领域，并因杰出而具备独特的身份。

他们或者是奥运冠军，或者是影视大咖，或者是金融奇才，或者是知识博主，或者是曲艺演员。然而，当社交领域转移到线上时，面对公众的目光，他们的身份呈现缺失，他们经常无法找到线下的那种强烈存在感。

这种困境并不难理解。在线上，个人都将重新开始定义角色，你可以将线下身份的影响力带入角色，但你无法将之百分百地移植到互联网社交平台，毕竟这里并非总是为你设置的舞台。

在元宇宙里，个体身份与群体关系会变得更加复杂。在这里，苏炳添的数字虚拟人并不一定会跑得最快；赵今麦的数字虚拟人并不一定会名气最大；郭德纲的数字虚拟人也不一定总会迎来女孩们的尖叫，说不定反而会被“小黑粉”们嘘到尴尬；董明珠的数字虚拟人挣“钱”的速度也并不一定就超过普通网红（正如她在移动互联网平台第一次直播带货那样）……这意味着个人进入元宇宙后，都需要重新定位身份、适配角色。

为了明确自己的数字身份，在打造个人IP时要注意从以下几点着手。

首先是和粉丝关系的定位，包括粉丝是谁，粉丝的年龄分布，粉丝群体的背景，他们对什么样的内容感兴趣，个人IP应该如何传播才能打动他们，他们有多强的消费意愿，等等。

其次是IP之间关系的定位。例如，IP处在怎样的虚拟世界中，它在其中扮演着怎样的角色，它对这个虚拟世界能产生怎样的影响，虚拟世界中其他角色如何看待它，等等。

只有根据具体的数据对明星的“实体”关系进行立体分析，才能总结出其IP在虚拟世界中的身份方向。当IP在元宇宙获得了明确的身份，进而关系明确，明星个人和搭建机构才能计算出具体的投入和收益。

分享时代对“星迷宇宙”的打造，更偏重把挖掘明星个人IP和挖掘数字身份相结合，这不仅是公司一直以来的运营重点，也会随着“星迷宇宙”未来发展而进行阶段性变化。可以预见的是，当用户对明星IP耳熟能详时，他们就会倾向于将线下IP转化成线上的身份，重点将会通过价值转化的落实来提升用户体验，进一步扩大“星迷宇宙”的影响力，而不是仅仅追求签了多少明星。为此，分享时代也会不断在线上创造更多品牌和渠道，对明星IP进行有效嫁接，以更贴切的数字身份实现个人IP价值的幻化和衍生。

明星和普通人无论IP价值高低，身份、角色和相互关系都是个性化的。作为元宇宙的参与构建者，互联网企业应该着重进行渠道选择和嫁接，随着内外环境的发展，将渠道、内容和产品打造成能完整复制推广的身份运行系统，使每个人在其中都能建立起和现实既有联系又有不同的数字身份，最终让明星等名人和普通人都能获得有价值、有内涵的数字身份。

实际上，传统互联网并非没有数字身份机制。例如，传统的邮箱登录方式，近年来的手机号、微信、支付宝、苹果账户登录等，已形成个人在数字世界的身份管理体系雏形。然而，这样的身份机制属于“中心化”的，如手机号登录网站就严重依赖第三方即电信运营商的服务。实际上，这就等同于个人将数字身份的有关权限交给了电信企业，借助它们的社会公信力证明自己线上身份和线下身份的一致性。这是有风险的，一旦手机丢失，个人身份信息、数字资产等隐私数据，都有可能被他人窃据；即使没有发生这种情况，我们也不容易知道一个手机号背后究竟有着多少重数字身份，更没有办法取消、解绑。

鉴于此，未来元宇宙内的数字身份体系必须要有所变化，以更好地为个人身份适配与变化服务。用户将能更轻松地掌握个人身份数据，以避免中心化的角色分配机制所带来的重重弊端。

在新的身份体系中，个人的数字身份将具备三个基本特点。

第一，普适性。个人的数字身份将能打通原有App孤岛之间的相互屏蔽，个人能以同一种身份对接元宇宙内的所有应用，确保身份、数据、信用、资产等信息能完整运行。

第二，独立性。在元宇宙，个人的数字身份将由用户完全独立掌握。用户可以选择不同的授权范围，也可以随时取消。

第三，隐私性。当下，明星等名人一旦利用自己的IP在互联网平台社交互动变现，就会付出隐私权作为代价。而在未来，无论是明星等名人还是普通人，其个人信息都能实现可验证而无须公开。在授权过程中，个人可以将身份验证结果授权对方确认，而无须透露自身具体信息。

事实上，目前的区块链技术已经能为人们提供类似的数字身份服务。在元宇宙时代，数字身份会更深入地与真实身份融合，完善个人在虚拟世界的角色。

04 关系丨现实关系与元宇宙关系孪生

用身边的痛点来刻画故事，更容易与他人产生共鸣。

——三金先生

设计和使用数字形象、确定和应用数字身份，是为了帮助人们在元宇宙中找到自我位置。然而，仅仅有位置是不够的，位置不是孤岛，而必须与其他位置连接，正是其连接方式才决定了我们是谁。

个人在元宇宙内的形象和身份，能综合反映其从内到外的兴趣、性格、情怀、梦想，比物理世界中的实际形象更为全面、系统和深层次。元宇宙内的每个人都是现实自我的孪生，而元宇宙内的人际关系，也是日常生活中各类关系本质向元宇宙进行的迁移与融合。

因此，当个人的元宇宙角色确定之后，元宇宙将建立在虚拟角色之间的关系网上。这张大网来自现实而投影于虚拟，对人类的精神世界和现实领域将产生重要的影响。

多年来，我都会送给每位新入职员工一本书作为礼物，那就是法国作家埃克苏佩里的儿童文学名著《小王子》。这本书代表了分享时代公司的文化追求，即提倡回归纯真世界，探寻人生真谛，用属于儿童的纯净目光去发掘人和人、人和事之间固有的自然真情和温馨联系。

凭借着这份童心，我和团队同事们始终相信布局明星IP的意义，并带着极大的热忱，像书写童话那样，书写星迷宇宙的科幻故事。在这个“宇宙”里，有我们签约的许多明星，我们不仅为他们量身打造虚拟形象，还为他们安排角色、设计情节，最后创造出宏大的科幻宇宙。

在这个宇宙里，每个角色都有自身的性格、形象，有各自不同的标签，陈赤赤、Tamia、涛涛熊，既和生活中的明星一一对应，又有着或正直或可爱或刁钻的虚拟性格。每当我翻开他们的故事，我都仿佛回到青少年时期，陷入精彩纷呈的幻想世界中而不能自拔。

星迷宇宙所体现的关系，和现实社会显然有所区别，也同样区别于美国的迪士尼、漫威宇宙等。星迷宇宙的最大特点在于其原创性的故事情节、人物角色、互动关系等并非完全是虚拟的，而是既立足于现实中明星之间的关系，又注入了充满民族性、世界性的优秀文化价值观，从而为用户提供强烈的真实感和归属感。

换言之，中国用户可能会喜爱、欣赏漫威宇宙，但却因为价值观差异和文化差异，难以融入其中，无法产生沉浸感。他们不会认为“绿巨人”和“美国队长”生活在自己的周围，同自己息息相通。而在星迷宇宙，情况就大不一样了，用户会对这个宇宙里的英雄人物更为认可、更加熟悉。这是因为星迷宇宙内的各个角色，其原型都来自用户耳熟能详的明星，同样也因为星迷宇宙的故事背景和情节特征，更符合他们的东方价值观，体现出他们内在的纯净童心追求。因此，用户对星迷宇宙会更加熟悉而具有归属感，从而满足自由且安全的沉浸式体验。

从另一个角度看，类似星迷宇宙这样的元宇宙架构，其中虚拟人物的互动关系也会影响到线下现实社会中的关系。

2020年跨年夜，中国女生Rubi在被隔离的酒店房间里彻夜难眠。这是她有生以来度过的最难忘的跨年夜。她想，去VRchat平台看看吧。

当她戴上VR眼镜进入VRchat后，她才发现有类似想法的并不是她一个人。平时熟悉的朋友，现在都以虚拟人物形象，聚会在日常爱去的日式庭院里。樱花树下，月光满地，大家聊得火热。这是Rubi最熟悉的小组，里面有中国人、印度尼西亚人、韩国人，既有学生党也有上班族。现实生活中，这些人根本不可能有共处一地的机会，甚至连相互认识都不可能。但在这里，他们几乎每周都会碰面，唱歌、打牌、看电影、唠嗑等，活动繁多而富于乐趣。

在这个跨年夜里，Rubi和朋友们聊了很久，大家还放了烟花。为了“照顾”不同地区的时差，他们还倒数了三次跨年夜钟声。和大家互道晚安后，Rubi拿下眼镜，感受到充实和幸福，安逸地睡了。

VRchat是一款元宇宙虚拟平台。在这里，数百万来自世界各地的用户能通过虚拟角色相互交流。平台技术能保证这些虚拟角色追踪玩家实际的嘴部、眼部和肢体动作，用户则能自行创建虚构角色和场景。这里的用户几乎都是90后、00后，他们希望能找到强烈的社交沉浸感，获得现实中没有的关系体验。

用户Haru和男友就是于2019年在这个平台上认识的。一开始，Haru怀疑这样的虚拟平台上是否会有真正的情感交流。但有一次，他们在虚拟的火车上看海景，夕阳的光辉洒满只有两个人的车厢，窗外是微微泛起阳光的海浪……这里简直美如仙境。那一刻，Haru体验到之前从未有过的恋爱感觉。

对于出生于移动互联网时代的00后而言，线上娱乐、交友、恋爱、聚会等，原本就是生活中司空见惯的部分；在移动互联网平台上，现实关系的投影似乎遇到了瓶颈，只能看到的微信、微博、短视频这些。但元宇宙创造了孪生关系的世界，任何人都能将生活中原有的关系带入其中，也能建立起没有的关系。为了获得新的关系，用户还可以根据自己的喜好和需要，创建不同的世界、城市、场景，其中有些环境是用户对自己生活环境的复刻，而有些环境则充满了天马行空的想象。在不同环境中，能成就的关系、积淀的感情也自然不同。

更有趣的是，在元宇宙内，现实中影响关系的第一印象法则被打破了。用户是以虚拟形象出现的，这就抹去了很多先入为主的文化鸿沟。无论你在现实中多大年纪、什么种族、什么国籍、长什么样、穿什么衣服、持什么口音，在元宇宙内，这些都不再是重要的。正因为人们知道这些是虚拟的，所以反而会更关注表达的内容，并以此作为建构社交关系的基础。在这种新型社交氛围中，人类体会到了孩子般“单纯”的关系，其感受一如分享时代公司里流行的那本《小王子》。

05 商业丨内容的生产者与消费者交叉融合

元宇宙是以数字资产确权为基础的虚拟与现实集合的新世界。

——三金先生

移动互联网的主要用户群体是Z世代。Z世代被描述成智能手机的原住民，他们中的许多人都没有经历过PC互联网时代，认为互联网天生和智能手机绑定。他们也因此习惯了利用智能手机去消费、社交，尽管依然用电脑或其他工具进行生产。

与此对应，未来元宇宙的用户将是M世代。M世代继承了Z世代的基本需求特点，包括生活富足、奉行乐活文化，注重自我精神的交流和共鸣，积极分享彼此感受，热爱寻求认同感。而在此基础上，M世代又更进一步追求数字化体验，他们不再将互联网看成对现实生活的一种补充，而是将之看作生命和灵魂的另一处家园，以此脱离物理世界的藩篱。最终，M世代还会走向新的形态：用同一种互联网平台生产和消费。

在中国，M世代的迅速崛起成为不争的事实。根据国家统计局的调查数据，中国的95后群体已达总人口的15%左右，数量约为2.8亿人，已成互联网消费的主力人群。他们贡献了目前移动互联网中接近59%的经济增长率，并提供了娱乐平台中最多的平均时长。种种迹象可以判断，M世代已是互联网消费的主力军。

M世代是新的消费人群，其“新”不仅体现在对前人的取代上，更体现在身份的颠覆上。元宇宙相关科技的进步、各类新产品的出现，给M世代带来了新的助力。在他们身上，一种新的趋势逐渐表现出来，即内容生产者和消费者的交融。

内容生产和消费已有长达数千年的历史。早在中国汉朝时期，就有了最早的报纸——“邸报”。在后来漫长的岁月里，内容主要以纸媒的形式进行生产，这对内容生产者提出了较高的时代要求。此后，伴随电力、信息技术的发展，广播、电影、电视等各类以视听内容为主的传播方式兴起，相比纸媒，已极大程度地加深了人们的沉浸感。但即便如此，内容生产者和消费者依然是一种“我生产什么，你就要看什么”的关系，生产者主导和掌控着内容生产，消费者是被动的接收者，无法深入参与内容生产的过程，也很难有与生产者直接互动的机会。

在移动互联网时代，内容生产者和消费者终于形成了正式互动。由于智能移动终端的普及，人人都有可能成为创作者。微信公众号、今日头条、哔哩哔哩、抖音、快手等平台的用户大幅增长，既和消费者群体的增加密切相关，也因为有大量的创作者加入平台，丰富了内容来源，提升了内容质量。

元宇宙的到来会让这一趋势变得更为明显。元宇宙不可能仅由几家企业搭建而成，它的基础设施需要多种技术的融合，而其中承载的内容，更需要海量的创作者投身其中。这些创作者在各自擅长的领域进行内容生产，做自己想做的东西，并将之输送到虚拟现实系统中，以立体化的方式呈现。

在此过程中，消费者与生产者的互动不断加强，生产者也因为消费者的参与而获得更多的灵感与机会。

2016年，谷歌发布了VR绘画软件Tilt Bursh，在VR设备的帮助下，画家能在3D空间进行艺术创作。通过发挥想象力、运用艺术经验，画家能画出动态的光线、火焰和星光特效。

2020年，法国艺术家安娜·日利亚耶娃在巴黎卢浮宫表演了《自由引导人民》的VR绘画，观众佩戴上VR眼镜后，如同置身于这幅经典作品所描绘的街头革命战场上。

从元宇宙的消费角度来看，艺术家消费了各项先进技术的结合，才能创作出与过往截然不同的作品。这些作品打破了过往二维平面的载体局限，形成更新颖的艺术形式，并能在元宇宙内满足其他用户的更多需要。因此，艺术家既是元宇宙内容的消费者，同时也是生产者。实际上，在线上生产的纯粹数字虚拟物品，其价值也开始渗透影响到线下，并为消费群体逐步接受。

2021年3月，古驰发布了其设计和“生产”的数字运动鞋Gucci Virtual25。用户在古驰的App上只需要花费11.99美元，就能购买到这双数字运动鞋。但购买后，他们不会在现实中收到任何鞋子，只能在App上通过增强现实技术进行“试穿”，也可以到VRchat或Roblox这样的元宇宙游戏中穿着炫耀。

种种迹象表明，元宇宙与科技创业企业有关，与明星名人有关，也与普通人密切相关。在元宇宙时代，消费和生产的界限将逐渐消失，内容生产过程都将或多或少被新的消费方式所影响。同样，对数字内容的消费，也离不开元宇宙时代的生产方式。由此，每一种产业、每一种职业，都可能发生重大改变，改变人们的未来。

“捏脸师”就是元宇宙中即将大火的新职业。

世上不会有长相一模一样的人。即便是同卵双胞胎，其父母和亲朋好友还是能找到他们的差别。与此不同，想要依靠数字技术随机生成“正常”而绝无仅有的面孔，并不容易实现。很多网络游戏玩家都有类似体验，在开始一款新游戏之前，会花费很长时间去为主角“捏脸”，但由于缺乏相关知识，他们很难塑造出令自己满意的形象。于是，“捏脸师”这个职业应运而生。

“捏脸师”，顾名思义，即根据客户的实际长相和需求，利用数字工具“捏”出虚拟人物面部形象的工作者。他们能依据用户的特征或描述，让用户在数字世界中得到理想形象，还能设计合适的服装配饰，确保形象完美无缺。在淘宝等电商平台上搜索“捏脸师”，就能发现相关店铺销量上万，下单者络绎不绝。

未来，在类似“星迷宇宙”这样的元宇宙社区，用户将会更加在意外在虚拟形象。毕竟，在“星迷宇宙”中，以虚拟形象出现的用户，随时可能和明星的虚拟形象偶遇、互动、合影，甚至成为好友。即便不是明星的粉丝，用户也希望自己的虚拟形象能产生良好的第一印象，提升自己在元宇宙社交中的效率。可想而知，“捏脸师”的需求将会成倍提升，越来越多技能娴熟的消费者，将成为“捏脸”这一领域的生产者。

元宇宙时代，还会发生更多类似的消费与生产互通的情形。例如，虚拟房屋设计师、建造师，虚拟景点导游，诸如此类的虚拟的类新职业，都诞生于线上消费的体验过程，即首先要成为元宇宙的“居民”，成为元宇宙的消费群体，才能逐步了解和明确需求，并凭借对应的创造力和经验，升级成为相关内容的生产者。

在从消费者到生产者的转变过程中，明星也能发现特有的新变现模式。对明星而言，演艺、代言的平台总资源终究是有限的，因此，少数明星选择“闲鱼”平台，销售私人二手物品，更多明星则选择餐饮类品牌创业。无疑，前者面向的消费人群过于集中垂直，因为除了少数死忠粉丝之外，大多数人并不会喜欢收购明星穿过的衣服和鞋帽；而后者则有较高的专业和资源门槛，并不适宜大多数缺乏管理经验的明星。这样，明星就难以从上述传统渠道完成从消费者到生产者的转变，其变现渠道也受到限制。

元宇宙到来后，那些原本只能在专业领域生产内容的明星，将能轻松进入其他领域进行创作。

2021年11月，歌手林俊杰宣布，自己购买了Decentraland平台上的三块虚拟土地。购买这三块“土地”，他总共花费了12.3万美元。

当林俊杰购买“土地”时，他是元宇宙的消费者。但购买“土地”后，他就可以在上面建造虚拟房屋，建立品牌，展示收藏品，或者召开虚拟演唱会……总之，他可以将名下的“土地”打造成任何想要的样子，达到商业变现的目的。当然，他也可以将自己设计、建造的虚拟房屋进行出租、出售，从中获取收益。

这样的内容生产不需要高专业性，也无须像餐饮业那样投入重资产，无疑为明星等名人拓宽了IP变现和收益的渠道。

从互联网的历史来看，任何技术的升级都会在淘汰部分传统岗位的基础上，带来新的创造和就业机遇。当元宇宙叩响时代大门，人工智能开始着手接替人类部分工作时，无论你在线下处在怎样的生存状态，都应积极塑造线上的生产能力，让思维和技能适应新环境、新需求，直面新挑战，把握新机遇。

为能尽快成为合格的元宇宙内容生产者，我们应当做好积极准备，如图4-2所示。

图4-2　个人准备的方向

首先，我们应超越思维层面的壁垒，为职业转型做好准备。元宇宙内，生产者需要掌握四方面的新思维，分别是新技术思维、新金融思维、新社群思维和新产业思维。其中，新技术思维需要能充分理解元宇宙各类技术，捕捉技术的变化方向。新金融思维需要人们能充分认识和理解金融工具在元宇宙生产过程中的作用。新社群思维将帮助我们认识到元宇宙社群组织和传统移动互联网社群的差别，了解其治理、运营、分配模式的特有规律，以便找准自己在社群中的位置。只有具备新产业思维，才能理解元宇宙如何连接数字和实体生产，如何相互赋能。

其次，我们应提前对新职业进行规划。元宇宙将提供自由、多元、开放的就业体系，现实世界中的种种约束都将消失，个人择业的空间会大大增加。为此，我们应坚持不断学习的就业态度，围绕个人的兴趣喜好积极体验，并将与体验相关的知识加以搜集、整理和挖掘，将之融入职业规划。

再次，我们应提前定位自己与社群的关系，接受新的协作方式。这意味着我们不能再将自己放在单独的工作岗位上，而是要在立体协作的方式下，向有关的消费者提供体验价值的重要组成部分。

最后，良好的数字信用身份是个人在元宇宙生产领域不可缺少的社会资源。数字信用身份包括个人的数字外形、数字藏品、数字资产、数字合约等。个人只有管理好所有会影响数字信用身份的因素，得到虚拟世界中他人的信任，才能获得更多跨越消费和生产的职业机会。

通过深入调查、仔细思考后，你很可能在面向元宇宙的大趋势中，找准了与自我能力和资源对应的方向。如果你能做到这一点，恭喜你，你随后必须迅速行动起来，尽快完成从消费到生产再到收益的角色演进，成为元宇宙里第一批合格的原住民。

第 5 章

共享共创　每个人都是伟大的创造者

元宇宙构建的中心化世界彻底打破1%定律①，大批创作者如雨后春笋在元宇宙中诞生。相比国外围墙花园②式元宇宙建设，中国元宇宙发展更注重自由，这一共创共享的元宇宙环境为中国创作者带来了更多可能。创作者经济由此诞生，创造空间无限拓展，一个成就伟大、创造伟大的时代随之到来。

① 1%定律是Web2.0时代的一条经验定律，表明如果有100个人在线，只有1个人会创造内容，10个人会与之产生互动，其他的89个人只是浏览（摘自百度百科）。

② 腾讯科技2021年9月30日报道，电竞游戏和软件开发商Epic Games的热门游戏《堡垒之夜》已形成元宇宙的雏形，但其CEO蒂姆·斯维尼和公司其他高管的眼光更为远大。他们希望以改变人们的社交方式为核心，打破科技巨头的“围墙花园”，强调创作者的作用。斯维尼认为，人们厌倦了今天的互联网运营。他说，以马克·扎克伯格的脸书为首的互联网社交媒体时代，将企业从普通受众中分离出来，将用户聚集在一起，引导他们走向公司选定的目标，而不是让他们自由探索。斯维尼说：“现在我们正处于‘封闭平台’的浪潮中，苹果和谷歌也是如此。直到我们出来，每个人都会意识到：‘过去十年我们一直被利用。’”

01 共享 | 跨链共享打破孤岛效应

> 元宇宙将彻底改变几乎所有行业和功能，并创建全新行业、分配机制及市场资源。在这一趋势下，无数传统世界观将被颠覆，一个全方位共享世界随之到来。
>
> ——三金先生

元宇宙不仅是一个空间无限扩展的虚拟空间，更是一个资源共享、信息对等的发展空间。从技术角度分析，元宇宙以区块链技术为基础实现虚实融合发展，在无数创作者驱动下开启共创、共治、共享的多维数字世界。

在这一世界当中，人类可以打破信息孤岛，实现数据实时汇聚交换，身份系统、经济系统在区块链技术下完成重建，这个世界没有单纯的游客，所有人都是创作者，元宇宙在无数创意与想象力下变得更加完善、美好。

元宇宙共享共建的特点赋能了无数企业，分享时代公司打造的“星迷宇宙”同样基于共享理念搭建平台。“星迷宇宙”不仅是东方英雄故事，更是所有中国创作者的优质素材，“星迷宇宙”签约了的上千位明星数字IP都可以成为用户创作的主角，成为用户变现载体。“星迷宇宙”会因这些创作者无限延伸、无限拓展，这一平台在更多参与者共同努力下不断壮大，逐渐成为元宇宙行业标杆，成为元宇宙共享平台品牌。

目前，已经有无数创作者涌入“星迷宇宙”，为“星迷宇宙”发展注入了强大动力，在“星迷宇宙”创作基金扶持下实现梦想，获取利益。“星迷宇宙”主要为四类用户服务，帮助他们实现梦想，创造价值。

1. 业余爱好者

这类创作者有明确的兴趣爱好，对某一领域钟情度、专注度较高，借助“星迷宇宙”提供的创作机会，他们将自身创意与超级英雄融合，打造亮眼作品，甚至部分业余爱好者会配合创作，将故事作品不断丰满。

透过这一群体可以明确，元宇宙大幅降低了创作者门槛，打破了孤岛效应。无论这些创作者主业是何领域，生活在哪种环境，他们的梦想都可以跨链共享，在元宇宙平台融合、升级、传播、变现。例如，热播网络歌曲《达拉崩吧》就是元宇宙虚拟人物洛天依平台的同人创作，这首歌不仅引来“火箭少女”的改版翻唱，还登过春晚舞台，这就是元宇宙为大众创作者带来的机遇。这种趋势下，人类业余生活将更加丰富，大众生活体验感不断升级。

2. 全职创作者

目前，现实社会中存在很多优秀全职创作者，但大多数创作者因为缺乏作品展现平台，自身发展严重受限。优质作品得不到展现，创意与想象力无法展现价值。

元宇宙到来之后，全职创作者优势得以凸显，更专业、更高端的创意得到充分展现。全职创作者无须再花费大量时间推广、营销作品，可以把更多精力投入创作当中，为元宇宙带来更多优质作品。比如，“星迷宇宙”中很多明星的数字英雄形象便出自专业创作者之手，这些超级英雄与明星的契合度得以保持在超高水平。

3. 明星

元宇宙是现实世界的平行空间，明星效应当然可以延伸到这个世界。“星迷宇宙”之所以可以与上千位明星达成合作，正是因为其为众多明星提供了一个扩大影响力的优质元宇宙平台。

明星在元宇宙平台上可以定制身份，比如“星迷宇宙”超级英雄有白银队长——任泉、光刃——林更新、极光——刘涛，明星可以通过不同身份演绎传奇故事，带给粉丝全新体验，在元宇宙中产生更大明星效应。

4. 创作组织

创作组织是现实世界创作力的主要来源，在元宇宙当中这些创作群体可以发挥更大作用。

耐克、微软等品牌企业在元宇宙开展各种创作，甚至搭建元宇宙创作品牌，是因为它们明白元宇宙的共享特点可以吸引更多用户，企业进行元宇宙创作远比开展现实世界研发更有价值。

元宇宙带来了一个万物真实互联、万物近距离接触的共享世界，人类创造力、想象力被无限释放，这个世界没有信息孤岛，没有被埋没的英雄，有的是更多创作明星，更多思维巨匠，相信在这个世界中很多人能展现自己最美的一面，并让自身魅力充分展现价值。

02 共用丨资源共享实现共同富裕

元宇宙资源共享的特点不仅衍生“用户创造”“共同富裕”“社会共荣”，更创新大众造富方式。未来发展中，数字经济将与实体经济全面连接，大众财富获取渠道将增加“元宇宙收入”。

——三金先生

“用户创造”是元宇宙发展的主流方向，元宇宙未来将掌控在用户手中，企业、组织最大作用是提供创造平台，用户可以按照自我意愿创造元宇宙所需的一切。这种发展机制与现实社会存在巨大差异，大众从跟随者转变为主要参与者，不过这种机制可以搭建资源共享、社会共富的发展途径，人类生活品质因元宇宙资源共用特点发生跃迁。

很多人对元宇宙的特点没有清晰的认识，无法认识到“用户创造”的含义与价值。资源共享是指一切资源可以为我所用，为我创造价值，这在现实世界的确难以想象，但在元宇宙中却是社会常态。

例如，“星迷宇宙”就是一个“用户创造”平台，“星迷宇宙”上千位数字明星资源可以为用户所用，帮用户创造价值。当用户以“星迷宇宙”明星资源创造故事、视频作品后，一旦获得粉丝认可，创造者将与“星迷宇宙”共同受益，这就是元宇宙资源共享的主要方式。

对比现实世界，元宇宙追求财富的方式更为直接，因为元宇宙创造方向更加聚合，主要以视觉方式满足元宇宙用户的精神需求，在满足各种需求的过程中创建各种场景，最终形成数字经济市场。

元宇宙数字经济市场建设是一个资源共享、场景共创的过程，之后走向市场共治、经济共荣。目前，元宇宙发展还处于资源共享、场景共创阶段，但这一阶段已体现出共同富裕的发展方向。

例如，百度公司成功打造元宇宙“希壤”后，为现实世界直接开辟了一片虚拟商业市场。

希壤具有三大特点。首先，希壤是一个无限连接的数字空间，可以根据用户需求搭建独一无二的数字场景，在商家、用户想象力之下希壤可以呈现为任何形式的幻想世界。其次，希壤具有全真人机互动效果，希壤用户可以通过avatar3D设备定制角色形象，与其他用户展开实时视觉、语音交流互动。最后，希壤是一个商业拓展平台，支持多人同时在线，在元宇宙核心技术支撑下可以打造沉浸式空间体验，展览、竞技、演讲、演出等活动都可以在这里完成。

希壤开发之后，直接变身为元宇宙共享平台，全球多家知名企业与希壤达成合作伙伴关系。例如，法国智奥会展元宇宙实验室在百度希壤为客户展示企业可配置化元宇宙互动方案，领克汽车在希壤开启元宇宙数字车展，等等。在多种商业合作下，希壤空间被建设得更加充实，用户不断增加，希壤与合作伙伴达成预期共赢效果。

又比如，微软公司2021年推出了Windows11系统，这款系统与以往

Windows系统的最大差别是开发者可以在Windows11上免费创造应用，微软公司不收取任何费用，这也是元宇宙“用户创造”理念下的商业共赢。

可以看出，元宇宙“资源共享促进共同富裕”的发展模式已经从元宇宙延伸至现实世界，成为实现共同富裕的重要力量，这种发展理念也从“资源共享促进社会共富”升级为“资源共享促进人类共进”“资源共享促进社会共荣”。例如，元宇宙正逐渐实现教育资源共享，人类学识水平不断提升，这种思想进步、能力进步将促进社会共荣。

元宇宙资源共享的特点不仅衍生“用户创造”“共同富裕”“社会共荣”，更创新大众造富方式。未来发展中，数字经济将与实体经济全面连接，大众财富获取渠道将增加“元宇宙收入”。“元宇宙收入”与现实劳动获取不同，这份收入更多体现为人类数字资源运用，即元宇宙用户在娱乐、互动的过程中因为丰富元宇宙的元素而获得收入。

例如：NBA明星球员勒布朗·詹姆斯将自己的一段投篮视频以NFT形式出售，获得10万美元收入；女演员林赛·罗韩将自己脸部图像进行元宇宙加密后，销售价格高达1.7万美元；元宇宙玩家克里斯·托雷斯在元宇宙中制作的一只“彩虹猫”爆红，竞拍价格竟然接近60万美元。

元宇宙虽然是虚拟世界，但元宇宙资源可以在现实世界产生真实价值。通过利用元宇宙资源，人类造富途径不断增多，大众生活水平不断提升。在这个资源“共用”的世界中，共富、共享是主要发展模式，且这种数字经济模式对现实世界经济发展有深刻的启示意义。

03 共创丨元宇宙里人人都是创造者

从人类出现到现代文明社会兴起，这一过程长达数百万年，但元宇宙建设速度将是现实世界建设的无数倍，因为元宇宙是一个共创空间，十几亿创造者将共同努力在这个世界迅速构建文明，并创造人类梦寐以求的生存场景。

——三金先生

元宇宙元年刚刚过去，元宇宙发展就进入一种理想状态，这得力于元宇宙“用户创造”的特性，也凸显出大众对元宇宙的青睐。元宇宙是一个人人体验、人人创造的世界，人类与环境、场景的关系更和谐、更健康。

截至2022年，人类创造元宇宙的方法分为两个层面，一是强化元宇宙核心技术，二是建设元宇宙内部场景。

从技术层面出发，元宇宙基础建设正在稳步提升，人工智能、虚拟现实、增强现实、区块链、大数据等新兴技术纷纷取得进步，各技术构建元宇宙的水平不断提升。非常明显，在这些核心技术中，区块链与人工智能取得的成就最为突出，区块链之上诞生的NFT打通现实世界与虚拟世界的经济通道，人工智能则能提升元宇宙服务性与体验感。无论哪项技术走向成熟都会拉近元宇宙与大众的距离，一个永远在线的虚拟世界逐渐呈现在大众面前。

从元宇宙建设层面出发，人类想象力、创造力将成为元宇宙的主要生产力，未来企业、组织的主要作用是为创造者服务，为创造者提供素材与平台。创办公司以来，我们开发游戏、做漫画、与明星合作、打造IP……积累了无数的数字资产和优质的创作素材，这是一个很幸运的起点，也可形成积极的正反馈效应。比如我们与奥运冠军合作，奥运明星不仅可以成为创作者创作的对象，同时还可以为创作者赋能，明星资源越多，越能吸引更多优秀的创作者，“星迷宇宙”建设就越全面、故事越丰满，久而久之“星迷宇宙”将形成一个创作闭环，品牌影响力也会越来越大。

目前全球存在多个元宇宙空间，大部分元宇宙空间有着特定的焦点。比如，游戏元宇宙注重娱乐体验，办公元宇宙注重办公效率，音乐元宇宙注重听觉感受，每一个元宇宙都在被用户创造，被用户完善。我们可以根据现状联想到元宇宙未来的建设状态。

新闻元宇宙可以提供各种新闻场景，让用户置身于新闻当中。元宇宙记者可以针对这一行业特点进行新闻场景数据搜集，为观众还原、构建新闻事件的发生经过，传递更有价值的新闻信息。

教育元宇宙可以提供全面的教育资源，清楚展示中外历史。历史爱好者也可以针对某段特定历史进行细化、挖掘，以故事形式反映历史背景及文化含义。

运动元宇宙可以提供运动指导，细致展现各种技术要领。比如，篮球爱好者可以对每一个动作进行数据分析，以此规范动作，提高技术水平。

在更多人体验元宇宙的过程中，无数创作随之诞生，这是元宇宙发展需求满足的过程，是人类梦想实现的过程，同时也是现实生活改变的过程。正如电商平台出现颠覆人类消费认知一般，未来元宇宙还将带来更大颠覆。我们畅想，未来电商购物不再依靠手机、PC电脑的点击操作，而是在无限庞大的虚拟购物空间实现。届时，琳琅满目的商品将呈现在我们周围，每一款产品的特性、运用效果、穿戴效果可以直接体现，购物过程达到极简，只需要一个动作，甚至一个表情便可以完成购物。相信这种畅想不再遥远，在无数消费者的创造下，元宇宙很快可以带来这种体验。

大约137亿年前的宇宙大爆炸形成了时空和所有物质，经过漫长的演变，成为如今我们生存的世界。2021年虚拟空间发生“宇宙大爆炸”，适合人类生存的虚拟世界由此诞生。从人类出现到现代文明社会兴起，这一过程长达数百万年，但元宇宙建设速度将是现实世界建设的无数倍，因为元宇宙是一个共创空间，十几亿创造者将共同努力在这个世界迅速构建文明，并创造人类梦寐以求的生存场景。

04 共建丨元宇宙的居民都是建设者

当代元宇宙“居民”不仅是元宇宙的首批探险者，更是这个世界的建造者、人类发展的引领者。他们不为规则所限，不安于发展现状，在无尽的虚拟世界中为人类寻求更开放的视野，为人类开辟更多的新大陆。

——三金先生

2022年之后，全球各国加速元宇宙发展布局，不仅国内外知名企业抢注元宇宙相关商标，大众与元宇宙的连接方式也更加主动。元宇宙是各国数字经济发展主要战略，未来其将引领全球数字经济，破解制约人类进步的现实问题，所以在元宇宙发展初期，各国元宇宙发展呈现你追我赶的竞速状态。

当代元宇宙居民依然以世界各国巨头公司为主，这些技术实力、资本实力强大的组织掌控着元宇宙发展的主导权，对元宇宙建设有突出贡献。据深圳市人工智能产业协会产业研究部和元创元宇宙研究院统计分析，目前全球元宇宙综合实力排名前五的元宇宙“居民”是微软、Meta、苹果、谷歌和亚马逊，我国腾讯、百度公司紧随其后。微软、Meta、苹果、谷歌和亚马逊之所以拔得头筹，是因为这些公司对元宇宙底层建设更为全面。例如，微软在AR、VR、脑机接口领域发展更为突出，亚马逊在AI、大数据、高算力等技术领域获得超前发展，这都推动了元宇宙与现实世界的融合。

最值得我们关注的是苹果公司。苹果公司曾明确表示“不参与本次元宇宙狂欢”，对元宇宙采取观望态度。截至2022年年初，为确保自身发展紧随时代，苹果公司对外公布将进行AR头戴式显示设备[①]研发。不过苹果公司研发的AR头戴式显示设备不是普通的头戴式显示设备，而是一种综合传感设备。2022年年初，据美国媒体报告，苹果公司正在研究传感器和电子织物的技术专利，该技术主要运用到苹果公司元宇宙穿戴设备中，可以大幅提高人类在元宇宙世界的交互感。换言之，苹果公司研发的AR头戴式显示设备不只是头戴式显示设备，而是一整套智能服饰，这套服饰采用电子织物与输入电路重叠、交织的方式，将使人类获得更多的感官体验，而不是局限在仅仅让人类“看到”元宇宙。

苹果公司这项元宇宙进军策略在庞大的用户群体中迅速产生连锁反应，在AR头戴式显示设备战略公布后，苹果公司的用户群体内兴起一种“泛娱乐”文化，“果粉”对这种随时随地进入元宇宙，获得高体验感的穿戴设备产生浓厚兴趣，对元宇宙关注度及未来期待越来越高。不得不说，苹果公司元宇宙发展策略虽然低调，但其对元宇宙建设更为细致，这也是苹果公司可以位列元宇宙综合实力前五企业的主要原因。

2022年之后，全球首批元宇宙“居民”对元宇宙的建设动作更为明显，

① 头戴式显示设备也被称作“头显”。通过各种头戴式显示设备，用不同方法向眼睛发送光学信号，可以实现虚拟现实（VR）、增强现实（AR）、混合现实（MR）等不同效果（摘自百度百科）。

似乎每一位入驻元宇宙的“居民”都想把元宇宙建设成自己喜欢的样子。2022年1月，微软宣布出资687亿美元收购动视暴雪公司，且全部用现金支付，这是因为动视暴雪公司在全球范围拥有4亿多用户，且这些用户对动视暴雪公司打造的初级元宇宙青睐度极高，微软首席执行官（CEO）纳德拉对外宣称“这笔交易将在微软元宇宙平台发展中发挥关键作用”。这次交易完成后，微软顺利成为排名在腾讯、索尼之后的全球第三大游戏公司，具备了构建“微软元宇宙”的雄厚资本。

在元宇宙发展浪潮下，全球各地元宇宙“居民”都化身元宇宙建设者，结合自身优势纷纷寻找最佳试验田。可以看到，这些元宇宙“居民”正吸引无数元宇宙用户入驻，并以交互性、沉浸感、高体验引导用户获取元宇宙“居民”身份。我国字节跳动公司于2021年收购VR企业Pico、游戏公司沐瞳，之后上线社交产品Pixsoul、派对岛，再打造虚拟女团A-SOUL和虚拟人“李未可”，短短几个月时间字节跳动公司便完成元宇宙基础架构建设，并吸引大量粉丝体验元宇宙。

纵观元宇宙“居民”建设现状，可以发现大多数“居民”以科技研发、算力系统、内部场景以及虚拟资产为主，这是元宇宙基础建设，也是元宇宙高体验效果的重要保障。

在元宇宙科技领域，当代“居民”注重AI、GPU、虚拟现实、区块链、物联网等技术创新，其方向主要是提升元宇宙的真实感与连接稳定性。在算力系统领域，当代“居民”注重智能算力提升，通过发展现实世界智能算力努力拉近大众与元宇宙的距离。在内部场景领域，当代“居民”分歧较大，即所有“居民”都根据自身特点构建内部场景，但这些场景存在共性，即元宇宙场景都是虚拟与现实结合的产物，刷新大众认知的同时确保亲近感。在虚拟资产领域，当代“居民”大多收获颇丰，从数字藏品、虚拟地产行业的发展可以看出，元宇宙已经打通现实世界财富渠道，未来还将拓宽叠加，元宇宙经济与现实经济即将高速融合。

四大基础领域建设加速元宇宙的到来，不断提升人类的生活体验。从元宇宙基础建设应用效果出发，当代元宇宙“居民”已在三个层面获得突出成就。

首先，元宇宙正在逐渐消除人类隔阂，通过虚拟三维空间拓展为人类带来更宏大、更自由、更便捷的生活场景，人类连接度、和谐度在元宇宙中显著提升。

其次，元宇宙正在突破种种物理限制，带来人类能力与效率飞跃式发展。例如，AR技术如今已经应用到医疗领域，在AR技术支撑下，人体内部构造、运作系统可以直观、立体展示，人类医学水平、诊疗技术发展得到大力促进。又如，元宇宙空间可以定制设计，人类在元宇宙中可以飞行、瞬移，这为人类在元宇宙的工作、生活带来极大便利。截至2022年，元宇宙基础建设已经在抢险救灾、医疗救援、爆炸物处理等各种危险场景中发挥重要作用，通过虚拟世界，人力限制、效率限制纷纷被突破，人类自我保护能力大幅提升。

最后，元宇宙技术带来新一轮技术革命，算力、脑机接口、AI等领域已经产生重大突破，现代元宇宙“居民”不仅在进行元宇宙内部建设，同时也在为更多人打开元宇宙的大门。

当代元宇宙“居民”不仅是元宇宙的首批探险者，更是这个世界的建造者、人类发展的引领者。他们不为规则所限，不安于发展现状，在无尽的虚拟世界中为人类寻求更开放的视野，为人类开辟更多的新大陆。随着元宇宙“居民”人数不断增加，这个虚拟世界将越发完整，相信不久后一个平行现实世界又超越现实世界的虚拟空间将全面融入人类生活，世界发展将被元宇宙重新定义。

05 共存丨元宇宙里的工作将更自由

> 在元宇宙面前，工作可以被重新定义，未来将诞生无限可能。因为元宇宙带来的不仅是改变，更多的是颠覆，颠覆人类对工作的定义、认知，创新人类的工作方式与感受。
>
> ——三金先生

元宇宙最初诞生在娱乐领域，如今已经覆盖到大众生活的各个层面。在这个24小时再现的虚拟3D世界中，新经济、新文明正在兴起，人类新的生活方式随之到来。

除娱乐领域外，元宇宙产生最大促进效果的是工作领域，元宇宙不仅带来办公效率、创业机遇的提升，而且为大众带来更自由的工作选择。“星迷宇宙”提供的丰富素材与明星数字IP资源已经为无数人带来创业机遇，这些元宇宙创造者独自开发、运营“星迷宇宙”超级英雄，“星迷宇宙”随之带给更多用户优质体验。在这种良性循环下，越来越多的创作者涌入“星迷宇宙”，创作者获得更自由、更自主的发展权利，这种工作状态正是“元宇宙工作”的特点。

目前来看，元宇宙创造的工作自由已经展现在多个层面，在这些领域中，元宇宙创造者、建设者享受更自由的工作氛围，获得更广阔的发展空间，并将元宇宙建设得更加充实。

1. 赋予数字人鲜活生命

虚拟IP领域是当代元宇宙人气最高的发展领域。例如，国风虚拟偶像翎Ling、超写实数字女孩Reddi已是粉丝数以万计的当红博主，且与李宁、王者荣耀、纪梵希等品牌长期合作。

这一领域得到优质发展，除了依靠AR、VR、MR等前沿科技外，主要因为创作者赋予了数字人鲜活生命，这些有性格、有特点的虚拟数字人得以表现出超强的互动能力，创造者思考的不再是刻板、严谨的数据问题，而是如何将感性思想进行直观呈现，让虚拟人物散发自身魅力。

从这一角度出发，元宇宙解放了工作思想束缚，人类创造力、想象力在工作层面得到自由释放，并转化为巨大的商业价值。

2. 构建虚拟社区[①]

2021年8月，“元宇宙第一股”Roblox对外宣布收购聊天平台Guilded，以此完善Roblox社交基础设施建设，为元宇宙社交群体的形成提供技术平台。2021年9月，字节跳动公司正式上线“社交元宇宙”项目Pixsoul，这是字节跳动公司搭建的一个沉浸式虚拟社交平台。

种种迹象表明，社交是元宇宙平台发展的一大重点，但元宇宙社交与现实社交不同，元宇宙社交不以用户连接与信息传递为基础，其更类似于圈层文化，通过大众某种兴趣、某种观点吸引他人关注。

在元宇宙社交属性不断强化的过程中，无数元宇宙社交工作者感受到完全不同的工作体验。这些创作者以个性兴趣为起点，打造内涵文化圈层，吸引元宇宙用户聚集，并以此为中心建立业务，发散影响。这种工作没有技术壁垒，更多比拼创作者的思维与领域专业度，同时这类工作没有时间与空间限制，创作者仅根据个人兴趣为他人创造内容与体验，当创作者对某一兴趣、文化产生独特见解并获得用户认同时，其全程影响力便无限放大，进而构建起虚拟社区。

可以说，元宇宙虚拟社区是一片适合自由创作者的乐土，这些创作者以新故事、新观点、新文化创立属于自己的圈层，实现粉丝对接，凝聚元

---

① 虚拟社区是指一群主要借由计算机网络彼此沟通的人形成的团体。他们相互之间有某种程度的认识，分享某种程度的知识和信息，在很大程度上如同对待朋友般彼此关怀。除此之外，由虚拟人物如仿生人等结成社会关系而构成的社区，也可以称作虚拟社区。

宇宙群体，打造元宇宙新概念、新文化，这类工作对创作者而言是一种乐趣，更是一种享受。创作者思想越自由，创作空间越广阔，社区搭建效果越突出。

目前，元宇宙虚拟社区数量依然保持着高速增长，并构建了五花八门的元宇宙生态。例如，国内当红古风武侠网游《逆水寒》于2022年在游戏内推出了“庄园系统”，这一系统允许玩家在游戏内打造自己的“元宇宙小区”。

“元宇宙小区”开启之后，一位资金实力雄厚的女性玩家打造了一个“高档社交庄园”，这位女玩家首先对自己的“元宇宙小区”进行精心装扮，之后在《逆水寒》论坛发帖，以每天10元的条件招揽暖人气的“睡客”，用户进入“小区”后只需要睡觉便可以获得10元。

帖子一经发出后瞬间吸引大量用户关注，大家纷纷表示“10块钱补贴无所谓，重要的是想要去体验一次住在富婆家是什么感觉”。在成千上万用户关注后，这个“元宇宙小区”成了《逆水寒》最具个性的群体，众多玩家纷纷预约入驻这一小区，不少用户表示愿意花钱体验，主要目的是在元宇宙中享受一次“高档生活”。

可以看出，在元宇宙构建文化社区比在现实世界更自由，一种创意、一次分享都可能形成一种文化，从事这类工作远比现实社交更轻松、更惬意。

3. 分享沉浸文化载体

2021年大年初一，科幻类电影《刺杀小说家》全国上映，这部电影虽然没能在同期电影票房中胜出，但带给观众眼前一亮的感觉，因为《刺杀小说家》可以视为元宇宙文化发展的缩影，为观众带来了另外一种文化体验。

未来元宇宙当中，所有文化IP都可以成为文化创作者的素材，带来沉浸式文化体验。目前，“明星IP+文化延伸”可以视为元宇宙文化行业的“爆款公式”，在明星IP加持下，文化延伸更具吸引力，文化发展效果可以得到保障。例如，“星迷宇宙”旗下各个明星IP可以衍生无数文化故事，这些明星IP在不同文化加持下可以成为各种超级英雄，元宇宙创作者还可以根据粉丝诉求设计故事情节，这类文化工作方式、IP运营方式可以打造更深入的文化沉浸感。

在元宇宙面前，工作可以被重新定义，未来将诞生无限可能。因为元宇宙带来的不仅是改变，更多的是颠覆，颠覆人类对工作的定义、认知，创新人类的工作方式与感受，这是人类在元宇宙共同生存的最终形态，而我们需要及时为此做好准备，做出转变。

06 共和（共荣、共势、共进）丨元宇宙里的环境将更和谐

元宇宙建设是一种有序、和谐环境的搭建过程。元宇宙在制定数字空间良好运行规则的同时，对现实世界社会关系也产生了良性影响。其在现实社会催生更多利益空间，赋能更多利益群体，对当代社会进步思潮带来持续影响。

——三金先生

元宇宙业态逐渐成熟对我国社会发展产生深远影响，其去中心化的核心特点对大众生活环境、社交形态产生了巨大冲击，不过这种冲击更多是良性的，促进了社会进步与和谐发展。

元宇宙强大的社交属性正在应用到大众生活、工作等各个领域，解决了各类生活问题。受新冠肺炎疫情影响，我们的传统工作方式出现诸多限制，在这一背景下，元宇宙的线上办公更具优势，提升了工作效率、节约了大众时间，从而弥补了线下办公的不足，形成企业经营新模式。在这种变动下，城市通勤压力逐渐降低，城市架构更加合理，大众生活空间得到放大。元宇宙通过潜移默化的数字意识影响，为大众营造了更加和谐的社会氛围。

事实上，元宇宙强化大众数字意识的趋势正在不断加强，大众生活在

数字空间与现实空间的时长趋于平衡。当大众生活意识形态发生改变，家庭观念、社会关系具备数字化特点后，元宇宙内传播的价值观、道德观、世界观更加和谐，因为元宇宙排除了诸多因社会环境过度中心化引发的问题，数字人之间的碰撞、竞争极少产生内耗，反而有助于完善元宇宙内部环境。

现实世界音乐创作领域存在部分抄袭情况，某些抄袭者借助自身流量优势可以获取远超创作者的巨额利益，这种违法、违背社会道德的情况在元宇宙中可以杜绝。元宇宙音乐创作者可以通过NFT平台实现作品唯一认证，在大数据、云计算等技术支撑下，抄袭作品无法获取版权，大众发挥流量优势的唯一方法是辅助传播，这种方式可以让传播者与创作者同时受益。

元宇宙建设是一种有序、和谐环境的搭建过程。元宇宙在制定数字空间良好运行规则的同时，其对现实世界社会关系也产生了良性影响。总体而言，元宇宙打造的和谐环境表现在以下三方面。

1. 元宇宙塑造优质社会数字关系

元宇宙时代到来之前，社会组织关系更多体现为明确分工、优势互补，在这一基础上建立更稳固、长久的协作关系。元宇宙时代到来后，社会组织关系、个体关系开始趋向“社区化”，即社会组织、个体因自身喜好、需求、能力、创造方向而构建圈层生态，这一“社区”的便利性、稳定性更加突出，且能够打破时间与空间的局限，社区关系更加紧密。

更重要的是，元宇宙社区能够弥补现实世界社会关系的不足。例如，某企业为客户研发新产品，现实世界中企业需要将产品发送到客户手中测试性能效果，受客观因素影响，产品运送难以准确把控，而在元宇宙中双方可以通过数字建模完成新产品测试、评定、改进等多项工作，这极大提升了社会组织运行效率，有助于促进彼此和谐关系的建立。

2. 元宇宙促进社会数字发展

随着元宇宙技术在各行各业的深度应用，元宇宙技术逐渐成为社会组织竞争的核心科技。目前，不愿落为人后的社会组织已开始加大数字产业发展力度，致力于元宇宙空间拓展，如Meta、谷歌、微软、百度、腾讯等巨头公司纷纷开展元宇宙研发项目，数字科技发展在元宇宙应用过程中再次提速。基于这一现状，国家相应出台法律、政策加以扶持与保护，社会科技环境更具活力、更加健康。

3. 元宇宙重构社会数字格局

元宇宙作为首个“去中心化”技术理念的数字生态自诞生之日便开始影响社会数字格局的发展，其不仅表现在数字空间、数字资产的增加，还表现在社会数字关系的强化。在这一格局变动中，社会生态样式极大丰富，社会组织、个体不兼容状况被逐渐消除，新型社会治理结构随之出现，社会运营高效化、轻松化、数字化特点逐渐呈现。

元宇宙时代到来后，智慧城市建设进程明显加速，城市运营和管理逐渐转型为数字运营和智能管理，以支付方式变化为代表，部分数字职能已经完全替代现实行为职能，这正是元宇宙对现实社会带来的初步改变。

总体而言，元宇宙时代到来后社会环境得到显著优化，元宇宙在现实社会催生更多利益空间，赋能更多利益群体，这种优质的社会环境是社会走向共荣的初级形态，对当代社会进步思潮带来持续影响。

第6章

文化引领　充分的精神供给滋养人类

2021年，元宇宙一举成为时代热词，在这一概念影响下，大众生活认知、理解、畅想开始发生转变，新理念、新思想、新文化随之诞生。在科技与文明的碰撞中，元宇宙为人类带来更加充分的精神供养，一个公平、公开、互通、共享的元宇宙生态空间已然呈现在大众面前。

01 艺术丨数字艺术藏品如何通过NFT价值倍增

区块链对数字资产确权，NFT是元宇宙的必要元素，人人都有可能成为艺术家、创造者，名利双收。新的财富分配机会已经到来，创造者可以随时随地创造价值。

——三金先生

2022年1月，阿里巴巴集团发布了4款限量为8 888份的奥运云徽章数字藏品，上线当天被迅速抢购一空；同月，我国著名国画大师齐白石的《群虾图》同样以社交化数字藏品形式参加上海嘉禾首届冬季拍卖会竞拍，最终成交价高达30万元；2022年2月北京冬奥会举行期间，国际奥委会官方授权的冰墩墩数字盲盒以99美元价格上线，同样瞬间售罄……

2022年伊始，数字藏品变得更加火爆，这体现出大众对元宇宙产品的认可度正在高速提升。

从技术角度看，数字藏品是运用区块链技术对特定艺术品进行唯一数字身份认证后生成的，这些艺术品因此获得数字版权，实现真实可靠的数字化发行、销售与收藏使用。从认知角度看，数字藏品是人类对元宇宙艺术性的认可，在数字藏品引领下，“亚文化”圈层逐渐形成，人类对元宇宙价值达成共识，数字藏品更像是元宇宙世界的身份与资产象征。

很多人不理解，为何虚拟世界的一串串代码可以获得收藏价值，甚至不断升值，究竟是蓄意炒作，还是时势所趋？其实，真正了解数字藏品之后，就可以发现这一虚拟资产背后的价值逻辑。数字藏品具有NFT属性，加之大部分数字藏品采用限量发售形式，因而这些虚拟物品不仅身份明确，更具有稀缺性。这是数字藏品价值明确、升值空间可观的主要原因。举一个简单的例子，假如达·芬奇作品《最后的晚餐》发行数字藏品，且发行数量仅为1，这代表未来元宇宙世界内，《最后的晚餐》只会有一幅，其价值可想而知。

在元宇宙概念推动下，数字产品发挥无实物优势，充分展现新颖、独到的价值承载方式，藏品自身不受空间、时间束缚，持有者无须担心藏品损坏、丢失。从这一角度思考，在元宇宙内收藏一幅名画、古董的数字藏品，其价值自然不会低于现实世界，所以数字藏品才会成为新兴消费潮流。

从数字产品的特性可以看出，NFT正是数字藏品价值倍增的关键，这一技术为数字藏品打上不可篡改的防伪编码，保障藏品具有唯一性、永久性、真实性等特点，无论后期数字藏品所有权如何流转，创作者和持有者权益都可以获得长久保护。另外，数字藏品具有数字特性，藏品流转全程清晰透明，这也再次提升了藏品的真实性。

数字藏品资产化已成为发展趋势，从理论上讲“万物皆可数字化”，NFT正是连接现实世界资产与数字世界资产的重要桥梁，也是现实世界与元宇宙间的价值通道。从数字藏品价值增长的逻辑可以看出，NFT具有以下特性与优势。

首先，从数字藏品发展中可以看出NFT让数字藏品实现了价值独立，这需要NFT自身具有稀缺性、不可分割性和唯一性等特性。

一是稀缺性。稀缺性是NFT最突出的特性，正是这一特性让现实世界艺术品顺利转化为数字藏品，艺术品创作者可以自主决定将某种艺术品以数字资源形式呈现，同时可以决定艺术品的数字资源数量，以确保这种艺术品的稀缺性。

二是不可分割性。NFT作品虽然是区块链技术下的数字代码，但这串代码只能以整体形式流转，这代表数字藏品不可能被破坏分解，其价值拥有更全面的保障。

三是唯一性。NFT之所以能够为现实艺术品打上数字身份信息，是因为NFT包含独一无二的身份识别信息，这一信息可以永久保存且无法变更，这也是数字藏品真实身份的证明。

其次，NFT是基于区块链技术的数字应用，其具备了区块链技术同等的技术优势，在数字藏品领域NFT的优势表现为明确性、透明性及可靠性。

一是明确性。与区块链技术一样，NFT的所有权不会被破坏，这一优势可以明确数字藏品持有者的权益，让数字藏品收藏者的权益得到长久保障。

二是透明性。在区块链技术支撑下，NFT可以让数字藏品实现特定平台的正常交易，且交易流程完全透明可追溯，这让数字产品价值更为透明，也保障了数字藏品的真实性。

三是可靠性。基于区块链技术优势，NFT可以实现数字藏品的防伪仿冒，确保数字藏品真实独特，这保障了数字藏品的价值。

截至2022年，NFT的特性与优势已经被充分运用到数字藏品开发、交易、收藏领域，且在全球范围内引起连锁反应。

2021年2月，NBA官方授权的球星卡在Dapper Labs团队开发的数字收藏品平台NBA Top Shot正式上线，这件数字藏品不是简单的数字卡片，而是包含图片、文字、GIF、短视频等三维动态的“魔法卡片”，其中詹姆斯球星卡以20.8万美元售出，创历史新高。

2021年3月，全球第一件数字藏品《每一天：最初的5000天》在佳士得拍卖行以100美元起拍，一小时内这件数字藏品价格飙升至100万美元，15天后以6 934万美元（约合人民币4.5亿元）价格成交。这件数字藏品的特别之处在于以NFT形式存储，它的作者迈克·温科尔曼耗费了5 000多天才完成。据佳士得拍卖行后台数据显示，这件数字藏品截至拍卖最后一分钟依然有220万访客关注，其交易价格创造了NFT数字藏品世界纪录，并成为在世艺术家作品拍卖史上价值第三高的艺术品。

2021年3月，推特联合创始人杰克·多西（Jack Dorsey）将第一条推特以NFT形式拍卖，这条仅包含5个单词、20个字母的推特“just setting up my twitter”最终以290万美元价格成交，如此计算这条信息每个字母含金量均在1万美元以上。

2021年3月，虚拟时尚潮牌RTFKT Studios与18岁的艺术家Fewocious合作推出了三款联名NFT数字鞋，这三款数字藏品发行数量为621双，上线仅7分钟便被抢购一空。值得注意的是，这621双数字鞋的总利润为310万美元。

从全球数字藏品动态中可以看出，处于起步阶段的NFT已经为元宇宙物品在现实世界打造了高效供应链，随着时代发展和技术升级，NFT还将为元宇宙做出更大贡献。时代趋势如此明显，我们必须把握机遇，只有这样，才能在元宇宙中获得更美好的未来。

02 文学丨人人都是“星迷宇宙”的创造者

> 未来两年，数字人、数字藏品都会在数字资产确权的催生下升至燃点，这不是我对元宇宙发展的预测，而是我真正看到的现实。
>
> ——三金先生

2021年被称为元宇宙元年，这并不是因为元宇宙概念诞生于2021年，而是因为元宇宙于2021年深入全球政治、产业、资本等各个领域，让大众认识到一个全新数字空间的存在。

随着元宇宙逐渐渗透并向更高的维度发展，现实与虚拟的深入融合已成为大众共知的发展趋势。在区块链、AR、VR、AI等技术驱动下，元宇宙空间被无限延伸，大众进入元宇宙的形式多种多样。可以说，曾经的幻想空间如今被拉入现实，这种新锐技术、新兴理念正刷新、颠覆着人类文化。

我常说："未来两年，数字人、数字藏品都会在数字资产确权的催生下升至燃点。"这不是我对元宇宙发展的预测，而是我真正看到的现实。截至2022年，已经有无数虚拟数字人进入元宇宙当中，这些数字人IP正在打造着元宇宙文化。

何谓数字人？数字人诞生于20世纪90年代的日本动漫当中，当时通过动画、CG技术打造的虚拟人物被称为第一代数字人。后随着人工智能等技术的发展，数字人开始具有互动性与社交性，数字IP的概念随之出现。元宇宙概念普及后，数字人在区块链、AI、AR等技术支撑下实现现实载体在虚拟世界的交互，最终形成了具有真实人格的数字人。

进入元宇宙的数字人既是这个世界的游客，也是这个世界的开创者，在两个空间的交互穿梭让元宇宙变得更加精彩。不过元宇宙的数字人都可以在现实世界找到母体，其在元宇宙创造的文明大多是现实传统文化的交互与延续。

例如，"星迷宇宙"运用古今中外知名卡通虚拟人物及历史传说故事，构建成平行于真实世界的可见、可感知的虚拟世界。我们在这一虚拟世界中为多位明星定制打造数字人IP，每个数字人的人设都基于现实人物性格而定，故事与人物关系也以传统文化为载体，在“星迷宇宙”中，人人都是创造者，人人都是超级英雄。

元宇宙不是现实世界的平行世界，而是现实世界的重叠世界、交织世界。现实世界的一切都可以复刻到元宇宙当中，并在元宇宙中释放终极形态。与其说“星迷宇宙”是元宇宙与现实文学碰撞出的火花，不如说是现实文学在元宇宙中大放异彩。

所以，不只有艺术品、社交、娱乐值得元宇宙化，文化同样是元宇宙的重要组成部分，在现代科技加持下，文化可以在元宇宙中释放更强大的能量。2021年，元宇宙IP人物柳夜熙在抖音平台诞生，凭借国风魅力与超前美妆文化，仅一条短视频就获得超300万点赞，超100万粉丝关注，柳夜熙一举成为抖音平台的元宇宙人物代表。

那么，元宇宙与文化结合究竟如何引领时代发展，又带给大众哪些超前体验呢？

首先，元宇宙为文化展现形式带来了无限可能。在元宇宙中，任何时代的文化都可以找到最佳体现形式，大众可以直观、真切感受文化内涵，品味文化真意。这对教育、科研、娱乐领域有极大促进，也将提升大众文化认知程度。

其次，元宇宙为文化带来了更多创新。文化融合、文化创新一直是时代进步的标志，元宇宙可以将更多原创文化、创新文化通过直观形式呈现，既能统一大众对创新文化的正确认知，又能突出创新文化的独特性与前卫性。2021年，柳夜熙在元宇宙的美妆风格引发了现实世界大众模仿，这便是美妆文化与元宇宙结合的创新。

最后，元宇宙可以打造全新的文化世界。随着元宇宙与文化深入融合，大众可以无成本、无时间地点限制地投入到元宇宙文化世界当中，这种方式极大加速了文化覆盖与文化深入程度。

纵观现代世界文化发展，我们一直注重文化传承，却忽视了文化体验，这让很多宝贵文化流失了生命力。元宇宙到来之后，文化活力再次被激发，文化载体被无限丰富，这种根脉复刻、异界相连的文化展现形式，充分展现了文化的厚度与广博，更颠覆、改写了文化传承发扬的无限可能。

03　娱乐丨沉浸式体验将改变传统娱乐方式

元宇宙并非遥不可及的星辰大海，更不是现实世界的高阶形态，而是人类探索的一个方向。在区块链、人工智能等技术促进下，这一目标正逐渐成为现实。

——三金先生

自元宇宙兴起后，全球各大知名企业迅速聚焦，不仅国外知名科技公司强势入驻，我国字节跳动、腾讯等公司也纷纷展开元宇宙开发项目。从这些雄厚资本的强势动作中可以看出，元宇宙的前景值得期待，尤其在娱乐领域，它带来的沉浸式体验感很可能颠覆传统娱乐认知，开启一个娱乐新时代。

2018年，科幻电影《头号玩家》全球上映，这部电影代表着大众对元宇宙的初级具象构想。2021年，同类电影《失控玩家》全球热播，再次印证了元宇宙的体验方式。两部电影相似之处颇多，最大相同点是人类可以足不出户领略世界风光，体验超乎寻常的快感，拥有无限创造的可能。

这些想象虽然距离遥远，但我们已经真切看到了另外一个世界的影子。正如数十年前人类探索宇宙也仅限于想象，如今我们的探测器已经成功开启星际旅行。如此看来，元宇宙并非遥不可及的星辰大海，更不是现实世界的高阶形态，而是人类探索的一个方向。在区块链、人工智能等技术促进下，这一目标正逐渐成为现实。正是看到了这种趋势，当代娱乐行业才率先向元宇宙靠拢，并以元宇宙开创者、探索者的身份致力于打开连通两个世界的大门。

截至2022年，虽然元宇宙还未全面到来，但元宇宙沉浸式体验已经成为众多娱乐行业的发展重点，比如资深财经媒体人秦朔就苏州文旅发展曾提出过一个“城市戏剧”畅想，这一观点是借助元宇宙沉浸式体验感对苏州文旅进行的全面升级。

苏州“城市戏剧”畅想是城市艺术融合文旅的新版本，通过数字技术将苏州古城打造成沉浸式大舞台，并对特邀游客开放。游客体验苏州“城市戏剧”之前可以提前了解数字苏州里即将发生的故事，在其中扮演相应角色，每一位特邀游客都会影响故事最终走向。苏州“城市戏剧”通过这种沉浸式体验加速苏州文旅与艺术融合，促进苏州文旅经济发展，这一畅想便是现实文旅在元宇宙的破局之路。

从技术层面出发，“城市戏剧”为苏州发展带来了三方面影响。

一是元宇宙加速数字城市发展。苏州“城市戏剧”畅享是未来文旅行业发展的一大方向，沿着这一方向城市文旅元素将在元宇宙内复刻，旅客以数字人形身份对各大城市进行沉浸式体验。城市景点、人文之美可以在虚拟空间跃然眼前，城市体验方式、体验路线、最终目标可以私人定制，由此全面带动城市数字化发展。

二是沉浸式体验颠覆传统娱乐方式。目前，传统观光式文旅吸引力已经大幅降低，思维活跃、态度时尚的年轻群体更期待沉浸式文旅娱乐体验，苏州“城市戏剧”畅想恰满足了现代年轻群体的娱乐需求。

在数字苏州空间内，所有人都可以扮演自己喜欢的角色，主导一段自己喜欢的故事，这种沉浸式体验将颠覆传统娱乐方式，形成娱乐新潮流，引领娱乐行业发展。

三是元宇宙为经济发展赋能。元宇宙可以根据人的主观态度突出城市元素，城市经济发展节奏在元宇宙内更可控、更便捷。例如，通过数字技术在苏州“城市戏剧”中设计一些任务，将苏州众多零散小景点串联，提升这些景点曝光度，促进区域经济加速发展。

从发展角度出发，沉浸式体验是未来娱乐行业发展的主流趋势。元宇宙具有临场特点，这一特色恰是娱乐体验升级的主要方向。现代大众对生活娱乐元素需求不断提升，这不仅需要量变，更需要质的飞跃。对于元宇宙而言，沉浸式体验可以对娱乐行业发展战略、机遇、前景等各层面产生积极影响，通过现实场景在虚拟空间复刻，为用户带来全方位情感反应，无论哪种娱乐需求，在元宇宙内均可实现。

当然，这种体验目前还处于畅想阶段，但现在科技已经可以为大众创造沉浸式场景空间。2020年7月，我国广西德天跨国瀑布景区斥资1.2亿元打造了亚洲首个沉浸式跨国夜宴“奇妙·夜德天”。该夜游活动由蚂拐节、寻蛙神、唤蛙神、创神迹、入人间、爱不得、花相助、定终身、花赐福、救苍生、祁雨来等11幕故事传承组成，游客在平台线上分时预约后便可领取动感夜光手环，乘坐景区观光车开启这场75分钟的奇妙之旅。“奇妙·夜德天”不仅创新了夜间观光旅游模式，更实现了沉浸式互动体验，在声、光、影、游戏互动下，游客能够参与到故事情节演绎当中，充分感受人类远古时期的文化习俗与动人故事。

2021年11月，被列入“国家旅游科技示范园区试点名单”的西安大唐不夜城正式宣布，正在与太一集团联合打造全球首个基于唐朝历史文化背景的元宇宙项目——“大唐·开元”，这一项目像打开了大唐不夜城的时光隧道，在现代科技手段下游客可以在晚上沉浸到唐朝盛世当中，充分感受唐朝文化生活的魅力。

总体而言，元宇宙在娱乐层面带给人类的精神供给超出想象，它打破了传统娱乐的时空局限，带来了沉浸感、科技感、时尚感体验。大众娱乐不再受天气、距离、交通等影响，观众不仅能够瞬间“移动”到全球各地，更能够瞬时“穿越”，感受历史的沧桑变迁。

04　文化丨文化输出的绝佳机会

回顾中国文化发展的漫漫长河，可以发现每一次科技进步都会带动文化产业繁荣，文化产业兴旺随之反哺时代科技商业化落地，这是文化强国的底层逻辑，也是时代发展的主要方式。

——三金先生

尽管元宇宙促进了时代科技发展，引发了娱乐市场消费变革，但截至2022年依然未能在社会中形成革命性浪潮。不过从文化角度出发，元宇宙强化视觉、听觉体验的特性正在改变文化潮流趋向，众多创新文化正抓住这一机遇全力输出。

据北京诺拓信息咨询有限公司发布的《中国新一代消费群体（Z世代）调研报告》显示，中国消费群体主力正在向Z世代偏移，这一群体对新兴事物、二次元、偶像文化有着饱满热情，这一人群已经成为元宇宙文化输出的主要阵地。

截至2022年，元宇宙带来的新兴文化已经在Z世代中形成了多个热点圈层，尤其虚拟数字人传播的时尚文化更容易被这一群体接纳认可，这种趋势开始主导文化产业发展。

回顾中国文化发展的漫漫长河，可以发现每一次科技进步都会带动文化产业繁荣，文化产业兴旺随之反哺时代科技商业化落地，这是文化强国的底层逻辑，也是时代发展的主要方式。

今天，元宇宙技术成为时代科技热点时，文化产业也走到了关键节点，在元宇宙促进下，我国文化产业可以充分结合中华上下五千年文明优势，在世界舞台彰显文化自信。

在我国文化产业与元宇宙融合的大潮中，故宫率先做出表率，其“文博+元宇宙”的形式在全球范围引起不同凡响，将中国文化优势充分突出。我们都清楚，故宫是历史的缩影，是中国传统文化的结晶，是中华文明的见证和载体。人类历史上曾诞生过四大文明：古埃及文明、古巴比伦文明、古印度文明与中华文明。其他三大文明已消失在历史长河中，只有中华文明依然保持着兴旺之势。这是我国实施文化强国、建立文化自信的最大优势，尤其在元宇宙的风口，中国文化吸引力、向心力更加突出，打造文化精品将成为我国文化产业的主要发展力量。

据国家统计局公布的统计数据，2021年上半年，全国有16个文化行业小类在科技促进下展现出新业态，共计实现营业收入18 204亿元，比2020年同期增长32.9%，占全部文化企业营业收入的33.5%，这一数字充分表明元宇宙促进文化产业增值，中国文化行业进入了新发展阶段。

除宏观层面影响外，元宇宙还为文化创新带来了发展机遇。当代最火热的元宇宙文化当属虚拟偶像文化。相比传统偶像文化，虚拟偶像文化增强了粉丝融入感与参与感。传统真实偶像主要采取文化输出方式影响大众价值取向，而虚拟偶像则为粉丝提供了文化共创机遇，让文化发展获得更广阔空间。例如，借由虚拟歌姬洛天依，已经诞生了上万首原创歌曲，其中90%以上属于同人创作，包括《权御天下》《普通Disco》等热播神曲。

元宇宙带来的文化创新具有较高自由度，虚拟偶像文化才表现出较高亲切感、认同感及归属感，对比元宇宙创新文化与传统文化差别，可以看出元宇宙文化具有以下三个优点。

一是长生命周期更长。元宇宙创新的时尚文化具有较强参与感，大众不仅能够跟随趋势，同样可以主导趋势、延伸趋势，所以各种元宇宙文化潮流可以不断迭代，展现更强的生命力，获得更长的生命周期，文化影响更加深远。

二是发展空间更大。元宇宙创新文化具有融合特点，既可以以传统文化为母体进行延伸，也可以中西合并，融合创新，所以元宇宙创新文化拥有广阔的发展空间。

三是文化价值更高。元宇宙文化可以以多种形式赋能文化产业。例如，数字藏品是元宇宙赋能传统文化的结晶，数字城市旅游是元宇宙赋能文旅行业的产品。这些创新文化产物不仅加速了其他产业的发展，更提升了文化价值。

总体而言，元宇宙创造了更多新兴文化，并已形成规模效应，传统文化在元宇宙加持下更具文化输出活力，且各种文化受关注度、青睐度更高。据头豹研究院数据显示，2016—2020年虚拟主播市场规模年均复合增长率达到58.2%；智研咨询发布的《2021—2027年中国虚拟偶像行业发展前景预测及投资战略研究报告》显示，2019年我国虚拟偶像行业市场规模已达到4.06

亿元，2020年这一市场规模上涨到5.08亿元。虚拟主播市场高速发展代表元宇宙文化正在逐渐覆盖自媒体市场，未来或将成为自媒体市场的文化主流。

文化一直是我国高速发展的重要力量，元宇宙开创市场新局时，文化发展也受到良性促进，在元宇宙赋能下我国文化优势充分凸显，文化强国进程再次提升，同时元宇宙带来的文化创新提升了大众文化体验，让文化融合、文化传承更加顺畅，让中国特色文化在世界舞台更为瞩目。

元宇宙文化虽然刚刚兴起，但其构建了庞大文化生态，塑造了诸多精彩故事，从文化发展角度出发，元宇宙目前展现的文化力量只不过是冰山一角，其向善属性可以推动中国社会创新发展，高质量进步。只要我们把握住当下的绝佳时机，透析元宇宙文化内涵，就能够定位正确的发展路径，方向对了，自然不怕路远。

05 传承丨文化母体的年轻化创新表达

IP=数字资产，IP孵化，数字资产确权，是通往元宇宙的先决条件。明确这一点等于定位文化传播创新方式，这是文化复兴的关键一步。

——三金先生

元宇宙文化高速传播为我国传统文化革新带来诸多机遇与挑战，数字科技日新月异，元宇宙触碰越发广泛，消费群体观念升级，种种趋势表明传统文化正在寻求年轻化创新表达，这是文化传承的更新，也是文化引领的立异。

近年来，《国家宝藏》《上新了 · 故宫》等文博探索节目“火”出了新高度，馆藏文物和传统技艺成为年轻群体竞相追捧的“网红”，《中国诗词大会》《典籍里的中国》等综艺节目纷纷推陈出新，人气与口碑直线上涨，这些传统文化行业成功发展的共同点只有一个：无限向元宇宙靠拢，以年轻化方式重新解读传统文化，通过时尚有趣的包装增强文化传播效果。

很长一段时间以来，我国大众对传统文化传承存在两个重要误区。首先，很多人认为年轻群体对传统文化兴趣不大，更多年轻人钟情于直白、明了的现代文化，这导致我国文化内涵不断下降，文化精髓被动弱化。其次，很多人认为传统文化是“夫子腔”“古董货”，表达方式乏味无趣，文化传承不断趋向小众化。当元宇宙到来后，人们才发现，一切不过是认知错误。当传统文化具备有效触达年轻人的传播渠道与传播方式时，年轻群体对传统文化的重视与青睐更超以往。

可见，元宇宙如同一股令传统文化重现青春活力的强大能量，其在传统文化与年轻群体之间架起一座高速桥梁，越来越多年轻人沉浸到传统文化当中，文化传承效果达到历史新高。

例如，《国家宝藏》第三季开篇画面是国宝盒子的打开，随着盒内空间延伸，无数文物相继出现，展现出奇幻异彩。讲解员从空间通道走来，整个舞台瞬时转化为文物星河，这种视觉效果让传统文化充满神秘色彩。

在《国家宝藏》第三季现场，观众又有另外一番视觉感受,《国家宝藏》舞台左右设计了18道旋转屏，通过裸眼3D技术及虚拟现实技术带领观众畅游时代长河，以近距离方式感受传统文化的前世今生。在讲解敦煌传统文化时,《国家宝藏》设计组利用三维技术制作了3D九色鹿，并请来了经典动画片《九色鹿》原配音演员丁建华配音，当时隔40年的声音与敦煌守护者融为一体时，观众情感被带入高潮，一段尘封记忆瞬间浮现眼前。

用年轻化方式向大众展示传统文化基因密码，让观众重新定义传统文化概念，全身心领略历史厚重与文化内涵，并激发年轻群体对传统文化的自豪感，是元宇宙赋予传统文化的新颖表达方式。

元宇宙对文化的激活可以深入每一个层面，它不仅能将文化的厚重以轻盈方式呈现，更能将文化基因植入每个人的内心，建立文化自信，纠正文化观念，引导年轻人用开放、包容、端正的态度审视历史与生活。从元宇宙创新各种母体文化表达方式的逻辑思考，元宇宙可以为文化带来三方面年轻属性。

一是元宇宙赋予文化年轻形象。文化形象是大众对文化联想的集合体，主要表现为大众对文化的个性定位。在元宇宙加持下，文化母体可以获得勃勃生机，引发大众丰富的联想，文化个性可以向年轻化偏移。

二是元宇宙赋予文化多样传播渠道。元宇宙可以将各种母体文化转变为年轻形式进行互联网传播，这彻底改变了文化传播缺乏吸引力、文化传播渠道狭窄的局面。同时元宇宙可以提升文化传播的影响力与渗透力，进而提升文化传播效果。

三是元宇宙赋予文化年轻内涵。悠久的历史文化在科技与现代思维结合的表现形式下，也可以吸引大众关注。例如，将数字藏品、国潮文化等用贴近年轻群体的生活状态，以符合年轻群体审美倾向的形式展现，便能使文化内涵获得年轻属性，大幅提升文化活力与亲和力。

在元宇宙无限接近现实生活的今天，大多数文化借助这一风口一改枯燥、乏味、刻板的印象，用科技手段定位自身特色，创新展现方式，这一趋势激活了更多尘封的文化精髓，催生出无数亚文化、小众文化，让中国文化市场展现蓬勃之势。不难看出，借助元宇宙复兴文化要经历四个步骤，这四个步骤决定了文化传播的最终效果。

1. 元宇宙创新

传统文化传播大多以文字、图片、影视作品方式进行，随着科技进步，现代社会信息传递方式发生巨大改变。以Z世代为代表的年轻群体已逐步适应数字生活，多样化、年轻化文化传播更受年轻群体青睐。

在这种社会背景下，各类文化开始借助元宇宙力量设立数字IP，并以数字IP为载体进行文化诠释与传播。IP=数字资产，IP孵化，数字资产确权，是通往元宇宙的先决条件，明确这一点等于定位文化传播创新方式，这是文化复兴的关键一步。

故宫的历史文化森罗万象，被列入世界文化遗产，但故宫文化传播在2010年之前一直处于不温不火的状态，直至2014年8月故宫发布了一篇

《雍正：感觉自己萌萌哒》的文章后，大众才对故宫形象产生全新认知。随后一段时间里，故宫不断对皇帝、皇后人物进行古灵精怪的包装，网友充分体会到传统文化的另一面，故宫粉丝量不断上涨。

元宇宙到来后，故宫彻底放弃了沉稳风格，不仅跨圈联名，更以卡通动漫形象为自己大幅减龄，最重要的是故宫借助元宇宙技术进行各种传统技艺展示，令无数年轻人对传统文化产生浓厚兴趣。近年来，爱奇艺、bilibili等平台纷纷与故宫展开合作，故宫文化以“二次元”等方式浸入年轻群体生活当中，截至2022年，当代年轻群体对故宫文化的认知度、珍视度已提升多个档次，故宫文旅经济发展奏响了新乐章。

2. 元宇宙定位

文化创新可以引发大众关注，能否获得持久关注、长久忠诚度取决于定位是否准确，元宇宙定位通常分为三个要点。

（1）文化概念。文化概念是指借助元宇宙力量进行文化诠释，以年轻风格展现文化特色。当代流行的“重燃国风国潮”，便是传统审美的新概念。

（2）文化标准。文化标准是各类文化的元宇宙设定标准，如风格标准、形象标准、传播方式标准等，明确标准文化定位才能够更准确。

（3）文化模式。文化模式是指各类文化母体在元宇宙的展现模式，也是各类文化与其他文化明确区分的具体标签。每一种文化模式都有独特侧重点，可以此确定模式类型。例如，同为传统文化，故宫以二次元为模式重点，花西子则以东方审美为模式重点。

3. “反差”设计

现代文化借助元宇宙力量崛起的关键是“反差”设计，只有打破大众对文化认知的思维定式，以年轻创新风格重塑文化形象，文化目的才能成为现代焦点。“反差”不是文化的重新解读，而是文化内涵的多角度表现。

例如，科技文化本是严谨枯燥的文化类型，借助元宇宙力量，“星迷宇宙”将中国知名科学家和大量科学发明创造融入故事当中，将中国强大的科学前沿技术通过动漫、影视、游戏等更生动、更丰富的表现形式带给用户，邀请更多创作者参与，这为中国科技文化设计了新形象，也激发了大众对科技文化的浓厚兴趣。

现代年轻群体对文化资源的解读方式发生了巨大转变，更多人乐于通过参与、碰触文化的方式了解文化，而不是单纯的文化阅读、文化学习，这恰恰需要文化具备一定的亲和力与新颖性，以新奇和趣味特点引导大众深入了解。“反差”设计能够促使文化母体具备这种特性，让文化融入大众，改变生活。

4. 提升文化体验

元宇宙最大的特点是体验感提升，文化与元宇宙结合后自然可以产生相同效果。如今，越来越多的文化通过元宇宙创新进行个性化、精神化突出，文化新视角、文化新感觉层出不穷。大众从这些新玩法中获得更舒适、更新鲜的文化体验，文化传播随之具备更有利的基础条件。

文化是一种精神力量，在传承过程中当具有充沛活力，不断进化。元宇宙靠近大众生活后，文化发展诞生了多样形式，在自我更新与完善中展现出强大生命力，无数满身尘埃的化石级文化重获新生，以靓丽之姿解码自身可贵之处，可以说人类文明在元宇宙助力下更加浩瀚，文化发展空间被无限延伸。

06 创新丨梦想世界的完美呈现

随着元宇宙技术的发展，人类在元宇宙的体验越发真切，相信未来人类可以在元宇宙中获得时空穿梭的能力，将元宇宙空间打造成真正的梦想世界。

——三金先生

天文学家观测到的可能是迄今最远的星系是HD1星系，距离地球约334亿光年；科学家利用同位素法测得地球的年龄约为45.5亿年，推测太阳系产生于46亿年前的超新星大爆炸。人类的探索永无止境，人类智慧不断升级，文明不断进化。今天，人类的探索已经触碰到另外一个空间，这就是元宇宙。

截至2022年，元宇宙还是一种从人的感官体验上不断模拟现实世界的虚拟空间，这一空间释放的自由、开放、去中心化特色让人类发现了无限可能。在元宇宙与现实世界互通的过程中，人类梦想可以在虚拟空间实现，经济、科技、生活可以被元宇宙重新定义。

“星迷宇宙”在元宇宙中开创了一个新世界，现实人物在这里可以实现现实世界中无法实现的梦想。三金先生从小的梦想就是建一座主题乐园，给世界带来欢乐。在“星迷宇宙”这个大“元宇宙乐园”里，三金先生复刻了文化娱乐公司老板的身份，为自己设定了“梦想照进现实”的奇幻之旅。希望每个人都可以和三金先生一样，在“星迷宇宙”中找到属于自己的角色和定位。

相信随着元宇宙技术的发展，人类在元宇宙的体验越发真切，届时人类可以获得时空穿梭的能力，将元宇宙空间打造成真正的梦想世界。这已经不是幻想，因为元宇宙是现实世界基础上的维度升级，从科学角度分析元宇宙空间是能够成为人类的梦想世界的。

首先，元宇宙是数据世界，是现实事物在虚拟空间的重现，所以元宇宙具备现实物理规则。例如，元宇宙建筑同样遵循建筑理论，建筑理论与现实世界完全相同，不过元宇宙建筑的存在环境受数据控制，建筑生命周期可以无限延伸。所以，元宇宙世界能够打破时间规律，只要数据不变，事物便可以长存。

其次，元宇宙能够加速人类探索。将现实世界的物理法则输入到元宇宙当中，星辰观测、宇宙探索便不再遥不可及。现实世界的物理变化可以在元宇宙中全方位呈现，人类的猜想可以在元宇宙轻松验证。例如，元宇宙可以打破人类距离的限制，位置在元宇宙中不过是数字坐标，在坐标准确的前提下，人类可以在元宇宙中近距离观察黑洞且不受黑洞影响。所有物理隔阂均被元宇宙轻松打破。只要数据充足，人类可以实现足不出户轻松环游世界。

再次，元宇宙可以探知未来。当现实世界的数据被完整复制到元宇宙当中时，人类可以对现实事物的发展百分之百地模拟还原，或通过加速元宇宙时间，预测未来可能发生的变化、出现的状况，探知更加清晰准确的未来。

最后，元宇宙可以构建平等、开放、无局限的世界。因为人类进入元宇宙的身份没有限制，所以财富、地位在元宇宙将失去原本意义，任何人都可以定制外貌、性格、能力，甚至可以选择物种。只要代码正确，这个世界便可以像《失控玩家》《攻壳机动队》《黑客帝国》等科幻电影一样，实现人类最终梦想，超越不可能。

虽然现在的元宇宙技术还无法为人类提供虚拟世界的真实体验，但元宇宙发展正在向这一目标迈进。在科技进步、算力倍增的时代里，元宇宙不是简单的噱头与风口，而是人类未来发展的方向。

聚焦当下发展趋势，可以看出元宇宙是社会需求、经济发展、人类思想的结合体，并从以下三方面促进着社会进步。

第一，在疫情影响下，全球“宅”经济高速发展，大众“宅”属性越发突出，人类通过互联网更加深入探索虚拟空间，常规网络体验已经凸显乏力，元宇宙应运而生，并带给大众对虚拟空间的不同认知。例如，2020年6月，中国传媒大学受疫情影响无法正常举行毕业典礼，于是毕业生在沙盒游戏《我的世界》中建立了一个虚拟校园场景，举办“云毕业典礼”，这场特殊的云端活动正是元宇宙生活的初级形态。又如，2020年4月，大型网络游戏《堡垒之夜》联合美国饶舌歌手Travis Scott在游戏中举办“ASTRONOMICAL”虚拟演唱会，演唱会场次横跨美国、欧洲、亚洲、大洋洲等服务器。据《堡垒之夜》官方统计，这场活动共计吸引超过1 200万名玩家同时在线参与，创下惊人的世界纪录，这也是当代元宇宙娱乐活动的主要方式。

第二，随着AI、AR、5G等技术逐渐进步，元宇宙呈现方式越发贴近生活，与大众生活联系越发紧密。例如，各大自媒体平台诞生的虚拟主播，粉丝总量已达到千万级别；又如，众多明星入驻“星迷宇宙”，在英雄世界实现曾经梦想，种种迹象表明元宇宙正满足着大众生活需求。

第三，元宇宙商业价值正被深度挖掘，各大企业竞相入驻元宇宙已经充分证明了元宇宙的发展潜力。一方面，元宇宙带动了相关科技产业发展，促进了娱乐游戏行业进步；另一方面，元宇宙为社交、消费、工作、生活带来更多场景选择，并在市场中形成发展机调与时代风口。从这两点来看，元宇宙是经济发展的一大趋势。

截至2022年，全球范围内已经有大量科技企业向元宇宙转型。2021年10月，脸书正式更名为“Meta”，脸书首席执行官扎克伯格表示，未来几年脸书要从一家社交媒体企业转型为一家元宇宙公司。随后不久，Meta公司便推出了一套名为“地平线工作室”（Horizon Workrooms）的企业会议软件，这套会议软件不是常规的互联网视频软件，而是通过头戴式显示设备进入一个虚拟会议空间，使用者可以体验到身临其境的空间感和距离感，这也是Meta公司推出的第一款元宇宙产品。

从当前发展可以看出，元宇宙并非虚无缥缈的幻想，而是符合技术发展方向的真实预测。虚拟世界的大门正逐渐打开，元宇宙多元化、全方位、真实感体验正不断丰富，人类梦想在这一空间可以提前实现，人类发展因元宇宙到来而骤然提速。

第 7 章

产业布局　元宇宙是多重产业的完美融合

作为时代科技创新突破的全新载体，元宇宙正以“新物种”身份进入现代社会各领域。未来发展中，各行各业将因元宇宙融合诞生新机遇，市场格局或被彻底颠覆。元宇宙不仅是现代产业发展的附加能量，更是多重产业的融合体，市场因元宇宙而荣，最终也将被元宇宙集结汇聚。

01 阴阳丨基建和软件的完美融合才能成就元宇宙

支撑元宇宙发展的硬件与软件如同阴阳两极，两者同步促进元宇宙时代高速到来，在两者完美结合的过程中，元宇宙已取得诸多成就，这些创新与进步正促进现代产业平台升级迭代。

——三金先生

元宇宙不仅是赋能多产业高速发展的时代能量，同时也是产业集合的共同体。不过元宇宙也是现代科技发展的产物，需要硬件与软件双向支撑，才能全面体现自身价值。

1. 硬件

从硬件角度出发，元宇宙以六大科技产业作为核心，这六大产业决定着元宇宙基础设施建设的效果，也决定了元宇宙的最终体验感。

（1）区块链技术。元宇宙的发展与区块链技术存在直接关系，区块链更像是元宇宙的数据库，元宇宙基础建设基本来自区块链技术，建设节点也通过区块链技术储存，另外用户在元宇宙中的活动信息也通过区块链储存，所以区块链可以视为元宇宙的构建基础。

区块链技术之所以构建元宇宙，不是因为其储存能力，而是因为其具有数据信息身份可标识、可追溯、公开透明的特性，这些区块链独有的数据特点解决了现实世界与元宇宙真实连接的问题，实现现实世界在元宇宙真实复刻，且应用前景更广阔。

（2）交互技术。交互技术是指脑机交互、视觉交互技术，目前主要体现在AR、VR领域中，这一技术是人类通往元宇宙的关键路径，是元宇宙向现实世界打开的大门，穿戴式交互设备是用户进入元宇宙的钥匙与身份证明，这一技术发展决定着人类在元宇宙生活的最终结果。

目前，人类已经实现的元宇宙交互成果已经涉及形象、位置、运动状态、生命体征等各个维度，但AR、VR领域显示效果还存在局限，无法全方位、细节化地展示元宇宙特点，未来这一交互技术发展将大幅提升元宇宙用户的体验感。

（3）物联网技术。物联网技术从感知层、网络层、应用层三方面影响着元宇宙的建设效果，为确保元宇宙与现实世界连接后产生虚实结合的完美效果，提供了关键保障。

一是感知层。物联网技术是元宇宙连接现实世界的信号通道，保障着现实世界向元宇宙输送信号的稳定性，这一效果主要由各类传感器及传感网关提供。

二是网络层。物联网技术为现实世界向元宇宙传输稳定信号提供着技术保障。

三是应用层。物联网技术可以确保元宇宙万物连接井然有序，元宇宙建设效果、稳定性因此得到保障。

（4）网络技术。网络技术主要指通信技术和计算技术。目前，5G技术已经可以支撑元宇宙初步构建，未来随着通信技术升级，元宇宙构建速度、构建效果、实时交互效果也将获得提升。

算力决定了元宇宙的内部活力，因为元宇宙构建、用户互动、内部生产变化会产生巨量数据，高效及时处理这些数据需要强大的算力支撑，如此才能够确保元宇宙日常运营节奏和发展节奏不受影响。

目前，元宇宙算力领域主要涉及云计算和边缘计算两种模式。云计算决定了用户随时随地与元宇宙的连接效果及交互效果，边缘计算解决了元宇宙的延伸问题及数据堵塞问题，这两项计算技术是促进元宇宙良性发展的关键。

（5）人工智能技术。人工智能技术是元宇宙获取生命力的基础，对现实世界与元宇宙融合起着决定性作用。

人工智能是元宇宙展现无限可能的主要途径。一方面，在人工智能技术支撑下，元宇宙可以按照人类意愿发展，如生成符合人类生活、娱乐所需的建筑、场景、物品等，或者细致化呈现某些数据内容，验证人类的猜测，拓展人类的视觉边界。可以说，在人工智能技术引导下，元宇宙的花草树木都可以按照人类意愿生长，甚至一种树木可以结出不同果实。这些畅想可以在元宇宙中成为现实。另一方面，人工智能还是元宇宙的原住民的“AI大脑”。元宇宙出现的NPC[①]在人工智能技术支撑下可以具备一定的沟通与决策能力，根据人类意图与需求，判定自身需要提供的服务。在服务过程中，NPC还可以通过数据收集完成自我强化，与元宇宙同步发展进步。

（6）电子游戏技术。截至2022年，元宇宙应用最多的领域仍然是电子游戏领域，电子游戏技术也为元宇宙发展注入了强大能量。游戏引擎、3D建模、画面渲染等技术提升了元宇宙体验感。例如，3D建模技术可以在元宇宙中高速、高质量搭建各类虚拟场景；画面渲染技术让元宇宙各类场景无限接近现实世界，逼真度一再提升。正是这些技术效果让元宇宙娱乐体验不断提高。

2. 软件

从软件角度出发，元宇宙通过捏脸软件、NFT平台、投资平台等出口释

① 原指网络游戏中的非玩家角色（non-player character），在元宇宙中代指数字技术虚拟的非用户角色。

放强大能量，并不断提升自身价值。

（1）捏脸软件。人类入驻元宇宙的过程中可以进行形象、身份重置，这为“电子整容”市场开拓了巨大空间。捏脸软件近年来因元宇宙发展达到了火爆程度，甚至重塑了美容、美术行业标准。当代捏脸软件核心开发者大多是没有美容、美术基础的电子技术工作者，而这些人摇身变成了元宇宙最受欢迎的“美容师”。

2022年3月，央视网微博发布了一条《元宇宙捧红捏脸师，捏脸师月薪可达4.5万》的新闻，再次印证了这一行业的高价值性。央视网称，捏脸师是元宇宙内第一批打工者，是人类在元宇宙重塑“第二身份”的必要元素，这一新兴职业具有巨大发展空间。央视网的观点充分展示了元宇宙在这一出口释放的强大能量。

（2）NFT平台。NFT平台是目前数字物品交易的主要场所，也是元宇宙与现实世界财富联通的主要通道。这一平台成为元宇宙交易的专属平台主要是因为其具有唯一性、可验证性、公开透明性、防伪性、不可分割性。

①唯一性。NFT平台可以将元宇宙物品以智能合约形式发行，即每个元宇宙物品被标记独一无二的ID信息，这让元宇宙物品在区块链上具备了唯一性。

②可验证性。元宇宙物品数据信息储存源于区块链储存功能，NFT平台为元宇宙物品提供的元数据具有区块链特征，即所有权、基础信息可以进行追溯验证。

③透明公开性。NFT平台上发行、交易的元宇宙物品可以在区块链中公开查询，物品信息、所有权可以向所有用户公开。

④防伪性。因为区块链技术自带数据真实防伪特性，所以基于区块链技术搭建的NFT平台也具有这一特性。元宇宙物品交易信息产生后只能查询，不可篡改，这也确保了元宇宙物品的真实性。

⑤不可分割性。元宇宙物品在NFT平台以智能合约形式储存在区块链上，所以每一个物品都拥有不可分割的固定信息。

基于以上特性，NFT可以在现实世界完成元宇宙物品的交易，让元宇宙的经济价值得到真实体现。

（3）投资平台。目前，因元宇宙兴起的投资平台数不胜数，全球各大知名企业都开始进行元宇宙资本运作。随着元宇宙的发展，投资平台开始下潜，已渗透到现实世界各个投资领域。

2021年，虚拟地产开发商Republic Realm以430万美元购买了一块The Sandbox上的虚拟土地，这一价格足以在北上广等一线城市中心区域购置两套房产，半年后Republic Realm购买的虚拟土地价值翻了6倍，Republic Realm因此创下了元宇宙房产投资记录。

支撑元宇宙发展的硬件与软件如同阴阳两极，两者同步促进元宇宙时代高速到来，在两者完美结合的过程中，元宇宙取得了众多显著成就，同时反哺这些产业、平台升级迭代。从这一角度思考，元宇宙更像现代各种产业完美融合并发生了化学变化后的新型产物，这一产物开始改变时代，重塑市场格局。

02 交叉丨产业跨界与产业界限的逐渐消失

元宇宙兴起后，互联网市场出现一个新世界，用户沉浸式体验感被再次激发，这一与现实世界平行的虚拟世界正加速连接，越来越多网民开始入驻，限制互联网市场高速发展的天花板很可能被元宇宙打破。

——三金先生

元宇宙从诞生到兴起，一直模糊着现实世界与虚拟世界的界限，并打开了人类梦想的大门。随着元宇宙共识增强，现代各大产业焕发出前所未有的生机与活力，产业配合度、融合度大幅提升，甚至某些产业边界逐渐消失，市场一体化发展趋势越发明显。可以说，元宇宙几乎改变了所有行业及功能，并创建了全新行业、全新分配机制及市场资源。

在元宇宙加速产业融合的过程中，品牌合作突破了无限可能，尤其元宇宙联名跨界取得了意想不到的发展效果。例如，中国手游市场头部品牌《王者荣耀》就联合百年知名品牌吉列在元宇宙中开展了一场爆燃的跨界营销活动，两者同时突破固有圈层，进行元宇宙品牌营销。

在这次元宇宙联名跨界中，吉列公司在虚实两个空间进行交叉营销推广。现实世界中，吉列公司提炼《王者荣耀》中李白与后羿两位英雄形象、武器与角色特质，对自身产品剃须刀和两个角色同时进行定制设计。两者联名后，吉列公司根据两位英雄皮肤色彩为剃须刀重新配色，之后将两位英雄武器图标印在剃须刀刀柄上，并附加“见刀识英雄”的宣传口号。虚拟世界里，吉列将产品卖点与李白、后羿的口播台词进行结合，通过这种方式，吉列公司将品牌口号喊到元宇宙当中，让玩家在娱乐过程中加深对吉列产品的认知。

这次跨界合作让吉列与《王者荣耀》同时获得品牌提升效果，既改变了消费群体的品牌认知，又迎合了年轻群体的热爱与情怀。实际上，此次跨界创新营销体验，通过元宇宙建立了虚拟品牌连接。

首先，吉列公司与《王者荣耀》公司联合打造了一则虚实结合的创意短片，短片主角是现实世界的小云刀和元宇宙的李白。短片从小云刀清晨起床剃须开始，呈现一天当中李白与小云刀的趣味联动，并将剃须动作与李白舞剑同步呈现，虚实结合手法尽显两者畅爽利落风格。不足一分钟的创意短片带给观众十足创意感与共鸣，品牌营销也打破次元壁，借助元宇宙力量提升商业价值。

其次，此次跨界活动充分凸显元宇宙互动优势。在元宇宙当中，虚拟人物为现实产品代言既具有趣味性，能够引发更多话题，又具前卫性，能够激发营销潮流，所以此次跨界活动受众触达深度远超以往。据吉列公司数据显示，该联名款产品销售成绩十分惊人，上线2周内仅线上销量就突破两千万，线下实体店更供不应求，其中新客占比70%左右，比跨界活动之前增长66%。

在元宇宙能量冲击下，互联网市场隐隐出现“得元宇宙者得天下”的趋势。元宇宙吸引着无数年轻流量，这也使得元宇宙逐渐转变为产业入口，各行各业竞相涌入。这种互联网市场变化除促进企业跨界联合之外，对各大产业破局也有重要促进作用。

首先，元宇宙打破了互联网市场天花板。截至2021年6月，我国网民规模已经达到10.11亿人，互联网普及率达71.6%，但中国移动互联网用户增长与上网时长却处于停滞和后退状态。主要原因是互联网市场缺乏创新，体验感不足以带给用户更大触动。用互联网虚实逻辑解释，市场用户增长来自两种吸引力：一是互联网创造的沉浸体验感，提升了用户存留时长；二是互联网开阔了眼界、提高了认知，吸引更多用户入驻。上一次互联网用户时长大幅增长的原因是自媒体平台的兴起，其抢占用户大量碎片时间，成为用户娱乐生活刚需，但这一热度在逐渐减弱，所以互联网用户增长开始停滞、下降。

元宇宙兴起后，互联网市场出现一个新世界，用户沉浸式体验感被再次激发，不过真切感受到元宇宙神奇的用户还是少数，所以截至2022年互联网用户数据并没有发生实质性转变。但是，各项数据已经说明，元宇宙已为互联网市场带来增长复苏迹象，这个虚拟世界正加速与现实世界连接，越来越多网民开始入驻，限制互联网市场高速发展的天花板很可能被元宇宙打破。

其次，元宇宙突破了工业领域发展瓶颈。人类发展历史上，每一次工业变革都源于生产力升级，从蒸汽机代替人力实现生产力飞跃，到电气时代工业品融入大众生活，技术革新激发生产力升级，世界、时代随之变化。

元宇宙兴起后，工业智能性又一次获得巨大提升，相比稳步到来的智能时代，元宇宙可以解除工业生产效率制约，刷新工业知识、创新力、服务力认知，搭建更复杂、更安全的工业系统。尤其元宇宙打开的虚拟空间，可以通过现有技术和数据积累重构生产流程、优化生产工艺，对工业生产进行更长远的回溯与预测，之后反馈到现实世界，降低现实世界创新成本，提升技术升级速度与成功率。

相信在不久的将来，元宇宙会成为工业领域核心科技，加速工业发展，带来产业革命。

最后，元宇宙创造了金融浪潮。英国著名经济学家、诺贝尔经济学奖获得者约翰•希克斯曾说过："我们不得不等待一场金融革命。"这句话的意思是指在技术升级、产业迭代背景下，金融浪潮会随之到来。元宇宙市场出现后，全球各大资本聚焦于此，一轮轮金融浪潮带动其他领域暗流涌动，这种趋势截至2022年依然没有停止，反而逐渐掀起风浪，影响整个金融市场的发展。

如今，金融行业越来越多受到元宇宙影响，主动或被动进入数字金融市场，虽然这市场规模还不足以对标现代金融市场，但其掀起金融市场变革的前兆已十分明显。

当代市场会随着元宇宙演进出现诸多意想不到的结果，这种趋势是市场良性变化的表现。元宇宙进行产业布局的脚步不会停止，越来越多行业将沿着元宇宙方向融合，最终在元宇宙中开拓新局，连通现实世界。

03 扩展 | 边界扩展后，元宇宙将会诞生哪些新产业

> 元宇宙兴起十分迅猛，但元宇宙落地、建设十分漫长，这一新兴技术背后拥有庞大发展空间。行业发展、市场迭代、国家竞争会因元宇宙重新谋划，相关产业市场地位、发展速度会出现巨大转变。
>
> ——三金先生

元宇宙无限扩展世界边界，为商业市场开辟全新领域，引发无数产业抢占新空间。在新领域填充过程中，不只有传统产业入驻，同样有新兴产业诞生，延伸元宇宙拓展方向，我们可以看到更多发展机遇与发展空间。

元宇宙催生的新产业主要有两大类型：一类是传统产业应元宇宙发展衍生的分支；另一类是元宇宙发展催生的经济新形态。这两类新产业是元宇宙健康发展的重要支撑。

1. 传统产业衍生的分支

目前，各产业在顺应元宇宙发展的过程中，衍生了三类新产业。

（1）元宇宙新技术产业。构建元宇宙是一项复杂、系统的数字工程，虽然在六大核心技术支撑下，元宇宙构建已经初步实现，但后续提升构建

效果需要更多新兴科技。例如：元宇宙需要新型交互技术提升人类体验感，确保现实空间与元宇宙实时稳定交互；为保证元宇宙系统正常运转，需要计算技术与储存技术全方位升级，新技术更能支持元宇宙加速发展。

这些新技术大多与元宇宙六大核心技术有关，或是六大核心技术的升级演变，这些技术将带动产业发展，开拓产业空间。

（2）元宇宙生产技术产业。虽然元宇宙场景、事物以现实世界复刻为起点，但元宇宙可以实现这些场景的加速重塑与改造，加速改造过程将诞生新产业空间。例如，元宇宙事物可以按照人类思想进化，为确保进化精度与准确度，新设备、新技术将应运而生，这类产业将确保元宇宙的发展效果与应用效果。

（3）元宇宙辅助技术产业。元宇宙形成有序安全的虚拟世界，需要一系列身份认证、身份标识技术支撑，这些技术产业发展是元宇宙构建生态系统、准确连接现实世界的前提，所以未来支付、网络安全、信用认证等领域可能诞生诸多元宇宙辅助技术产业，以此维护元宇宙秩序。

2. 元宇宙催生的经济新形态

元宇宙在经济发展领域将大有作为，这一点已经被当代经济市场因元宇宙发生的转变充分证明。沿着元宇宙经济发展趋势，我们可以看到未来元宇宙催生的几种经济新形态，在这些变化中也可以诞生新产业。

（1）数字经济虚拟化发展。传统数字经济主要存在于互联网市场当中，大众通过数字技术应用改善生产与生活，随之产生的经济活动构成了当代数字经济市场。当前数字经济市场更像是交易工具或交易平台，它改变用户之间的经济连接关系，加速经济要素的流动。

元宇宙本身是一个数字生态系统，它方方面面涉及数字经济，同时又连接现实世界经济。我们前面提到虚拟地产开发商Republic Realm以430万美元购买了一块The Sandbox上的虚拟土地，这就是数字经济虚拟化发展的表现，这种行为让经济脱离现实世界，改变了经济与人、经济与社会的生态关系。从这一角度来看，未来经济领域将诞生更多服务产业、交易平台，元宇宙将重塑数字经济体系，重构人类生产生活方式。

（2）科技领域超速发展。目前，科技巨头已经全面布局元宇宙，元宇宙也推动科技产业变革升级，在技术规则、商业规则、社会秩序重构的元宇宙中，科技企业都希望在这一虚拟空间拥有技术优势，从而获得更高的社会地位与经济地位。所以近年来科技领域在加大元宇宙技术开发，相信新技术、新领域诞生不过是时间问题。

（3）开创科技创新空间。据Meta（原脸书）首席执行官扎克伯格预测，未来十年内全球元宇宙用户将突破十亿人，承载数千亿美元的数字商务，将为数百万至上千万创作者提供就业机遇。扎克伯格的预测不是主观思考，而是基于元宇宙发展数据进行的测算总结，截至2022年元宇宙已经引发千亿级金融运作，颠覆了传统市场经济形态，这是一个发展奇迹，无数商业应用、商业模式被颠覆。

目前，已经进入元宇宙领域进行创新发展的美国巨头公司有谷歌、亚马逊、Meta等，这些公司创新领域涵盖GPU、FPGA、ASIC和偏门的类脑芯片等，无论哪一领域创新产品，都会开创科技创新空间。

纵观我国科技创新领域发展，虽然未达到美国巨头公司的力度，但趋势基本相同。腾讯、阿里等公司纷纷开展元宇宙项目，从科技产业底层创新开始，优化科技产业发展效果，搭建各种新型科技软件平台，催生的新兴行业带动了我国经济发展。例如，“捏脸师”便是元宇宙科技创新的新职业。这些新领域已经形成元宇宙发展的科技温床，更多创新应用正在不断诞生，中国元宇宙技术也在向世界先进水平高速靠拢。

（4）元宇宙竞争催生新的领域。元宇宙兴起后，信息科学、量子科学、算力系统发展获得巨大推动，数字经济叠加信息革命、科技革命的发展趋势已成事实，世界各国纷纷斥资抢抓元宇宙产业机遇，进行前瞻性布局及元宇宙基础建设。

韩国在2022年的财政预算中，计划用2 000万美元开发元宇宙平台，为此韩国科学技术和信息通信部成立了“元宇宙联盟”，将现代、SK集团、LG集团等200多家韩国本土企业和组织纳入其中，准备联合社会经济力量在2025年之前投入共计22亿美元用于开发超链接性技术及相关技术。

2021年7月，日本经济产业省发布了《关于虚拟空间行业未来可能性与课题的调查报告》，全面总结了日本虚拟空间行业发展面临的主要问题，并决定通过政府资金扶持加速这一行业发展，以确保日本电子科技在全球的地位及优势。

从各国元宇宙发展举措中看出，未来全球元宇宙竞争会催生众多发展领域，这些领域主要针对元宇宙科技提升及元宇宙生态建设，元宇宙将带领全球数字经济产生一个量级突破，甚至改变全球科技产业的格局。

从长远角度思考，元宇宙是互联网时代各行各业的重塑，其未来将成为数字经济的核心，围绕元宇宙发展的各产业都可以衍生巨大发展空间，发展潜力非常突出。据美国彭博社预测，2024年市场规模可以达到8 000亿美元以上，而2030年这一数字还将增长2倍以上。

我们必须承认，元宇宙兴起十分迅猛，但元宇宙落地、建设十分漫长，这一新兴技术背后拥有庞大发展空间。行业发展、市场迭代、国家竞争会因元宇宙重新谋划，相关产业市场地位、发展速度会出现巨大转变。世界各国将从三方面主导趋势，加速元宇宙建设延伸，同时开拓更多发展空间。

一是与元宇宙基础建设相关的技术体系及产业框架将被升级。未来发展中，元宇宙相关芯片等关键部件市场重视度会不断提高，芯片算法算力培育也会根据国家发展建立自有体系，这需要大量底层技术、部件、设备合理布局，同时匹配大量开发者、内容创作者进行填充，从元宇宙基础进行自主谋划，从元宇宙建设产业源头、供应链前端、技术前沿三方面进行升级，以此避免元宇宙建设落后于人、受制于人。

二是打破底层资源限制，储备雄厚发展力量。元宇宙发展需要长时间较大人力物力支撑，底层资源决定着最终效果。各国为确保元宇宙竞争优势，必将打破底层资源限制，不断储备发展力量，依托市场构建产业链条，打造核心优势，这也为元宇宙人才发展提供了无数机遇。

三是建立数字规则，确保运营稳定。从国家安全层面出发，元宇宙建立技术标准、运营规则会被统一设定，相信数字资产相关的法律法规会随之健全，数字经济体系、元宇宙劳动规则会随之诞生，行之有效的治理、管理政策会相继出台，这些数字规则诞生也会衍生新行业，催生新产业，带来新机遇。

元宇宙发展到今天，已经从大众认知层面上升到大众思想改变层面，且这种改变已在现实世界催生了新产业、新空间。相信随着元宇宙边界的扩展，大众生活还将呈现更大变化，甚至人类生活方式即将进入一个重要转折点。

04　金融丨实现金融普惠与金融智能化

金融行业是世界经济发展的主要载体，金融市场兴衰也决定着国家命运。历史上每一次技术革命都会为金融行业带来巨大机遇，元宇宙时代自然不例外。

——三金先生

目前，元宇宙为现实世界带来的实质改变不是虚拟世界的有效连接，而是金融发展。自2021年元宇宙开始高速圈粉，一年时间里金融界因元宇宙发生巨大变化，普惠金融、智能金融就是元宇宙赋能的最大亮点。

1. 普惠金融

元宇宙到来之际，数字与实体加速融合，金融活动因数字经济蓬勃发展出现转变，金融数字化不仅体现在数字形式上，也体现在数字属性上，元宇宙为金融带来的各种特性为大众创新了低成本、高效率的数字金融服务。

截至2022年，美国、日本、中国等国的金融领域都开始尝试通过元宇宙赋能重建金融体系基础设施，有效消除不必要的中介环节，向社会全面打开金融大门，为大众带来方便、快捷、低门槛、低成本的金融服务。

如今，一些先行者已经在尝试用数字化方式重构全球金融基础设施，消除不必要的金融中介，降低金融服务门槛和成本，优化人们使用金融服务的方式和体验。例如，元宇宙发展催生了加密数字货币，这一金融交易模式具有去中心化的特点，当这种模式运用到金融界后，去中心化金融模式DeFi随之诞生。DeFi可以让资产拥有者高度安全地掌控私有资产，并通过透明可信的自动化交易有效使用资产。这一金融模式可以与数字商业、数字交易进行创新整合，随之引发组织形态、产业关系变革，引领金融市场向数字化、智能化迈进。

当去中心化金融模式得到发展后，社会金融普惠性将大幅提升，因为金融运作可以减少大量中间环节，中介费用、金融运作费用随之节省，金融使用频率反而大幅提升。

在元宇宙赋能金融发展的过程中，其影响最大的不是金融市场的运作，而是资本持有者的金融思维。以往金融思维大多体现为技术思维和产业思维，当元宇宙到来后，金融思维将发展成社会思维、市场思维及发展思维，因为资本持有者可以快速有效链接大量用户，这些思维决定了金融运作效率。

美国作家威廉·吉布森曾说“未来已来，只是尚未流行”，这句话非常适合形容当代金融普惠性变化。普惠金融是元宇宙带给金融界的礼物，也向资本持有者解释了未来金融发展的方向，把握这一机遇可以掌握先机。

2. 智能金融

随着元宇宙与金融行业融合，前沿科技在金融领域应用开始扩大，金融市场呈现出智能化发展特色。例如，众多金融企业在实体行销时纷纷设置智慧金融展厅，展厅中展现了云计算、AI、数字沙盘、AR等科技与金融融合后的金融服务及金融体验，并以此构建更加开放共享的科技金融生态圈。

其中最具特点的当属“AI+Data”智慧金融模式，在AI（人工智能）和Data（大数据）共同体赋能下，金融行业整体监管、风控效能提升，各种金融业务可以准确、准时对接，客户管理可以确保高效及时，金融企业可以根据数据分析制定更智能、更安全的金融运作方案，提升金融运作效率，全面支撑金融行业的健康稳定发展。

目前，“AI+Data”智慧金融模式已经被各大企业运用。比如华为公司打造的“AI+Data”智慧金融方案，可以帮助用户重构ICT[①]平台，帮助用户进行数据演进，进而提供更智慧的金融服务。

我们都知道，银行、保险、证券是金融行业的三驾马车，而“AI+Data”智慧金融模式可以将智能化特性附加到每一架马车上，并创新金融服务体验。

（1）智慧银行。在银行与数字科技深度融合的过程中，“AI+Data”智慧金融模式创新了多种银行金融服务模式。近年来，我国各大银行分别以“全客户、全渠道、全产品”等新业务模式加速实现金融服务智能化、普惠化变革，打造金融与科技有效融合的智慧银行系统，延伸金融行业社会下潜深度，以智慧特性触及更多用户，这也是银行智能化发展的实质成果。

（2）智慧保险。随着保险行业对前沿科技应用加深，我国保险行业已经构建出以保险为核心，集医疗、养老、金融服务于一体的数字化商业生态。比如，中国人寿基于云化IT架构，集合AI技术打造了数字化保险服务平台，这一平台有效提升了中国人寿服务社会经济发展和人民生活保障的能力，平台通过大数据运算及人工智能分析创新的各类产品更贴合客户所需，为客户提供更全面保障。

（3）智慧证券。面对全球金融数字化、智能化发展趋势，我国证券行业随之转型升级，加大“AI+Data”智慧金融模式应用，提升证券交易监管与风控效能，让证券行业稳定、健康支撑金融行业发展。

---

① ICT，是informational（信息）、communications（通信）和technology（技术）三个单词的缩写，它是信息技术、通信技术融合后形成的新技术领域。

金融行业是世界经济发展的主要载体，金融市场兴衰也决定着国家命运。历史上每一次技术革命都会为金融行业带来巨大机遇，元宇宙自然不例外。不过元宇宙为金融行业带来的改变不是“脱实向虚”，而是“虚实融合”。元宇宙赋能下的金融更贴近大众，更符合市场运作逻辑，金融行业从中找到“第二曲线”[①]发展空间，普惠金融、智能金融是元宇宙金融的当下产物，未来发展中元宇宙还将创新更多金融模式，更值得期待和关注。

05　科技丨技术的飞跃将加速元宇宙的发展

我可以肯定，在元宇宙虚拟世界中，一定不是数字孪生，而是一个异想天开的新世界，这是人类创造元宇宙的目标，也是科技发展的主要方向。

——三金先生

全球前沿科技行业持续发展，元宇宙落地持续加速，总体表现为通信技术高速传输趋于稳定、数字技术准确性、运算能力再上一层楼，人工智能技术持续突破，数字人IP不断增加，云服务渗透虚拟空间，元宇宙沉浸式体验不断升级。虚拟世界与现实世界碰撞后产生的不是火花，而是融合，

① 指当企业某经营要素出现业绩增长拐点的时候，就必须思考通过创新发现“第二曲线”来弥补“第一曲线”即将面临的增长放缓，甚至业绩下降。

元宇宙俨然成了当代最热词语。

有些人认为元宇宙不过是现代科技创建的虚拟世界，通过数字孪生达到了仿真效果，这种思维仅可以理解为人类通往元宇宙的一种方式。可以肯定，元宇宙虚拟世界一定不是数字孪生空间，而是一个异想天开的新世界。这是人类创造元宇宙的目标，也是科技发展的主要方向。

在5G、AI、交互技术同步发展下，虚拟世界体验实现了从“无”到“有”，从“有”到“用”的跨越。在技术发展与需求引导的双向驱动下，元宇宙成了科技产业发展的风向标。元宇宙已经进入一个新发展层面，同时社会元宇宙生态逐步构建完善。元宇宙不断模糊着虚拟世界与现实世界的界限，并在三种技术发展趋势下不断提升。

1. 网络技术发展不断推进元宇宙基础建设

网络技术决定着元宇宙世界实时传输的效率与稳定。据GSMA（全球移动通信系统协会）发布的《2021年全球移动互联网连接报告》显示，截至2021年，全球移动互联网用户已经达到40亿人，旺盛的市场需求激发着网络技术高速发展，网络技术发展成果逐渐成为元宇宙落地的基石与底座。

2022年3月，我国山东济南正式发布《济南市2022年加快推进5G创新发展工作方案》，方案明确指出，2022年济南市将围绕打造5G先锋城市的核心目标，在全市范围新建5G基站1万个，推动5G网络在重点区域深度覆盖，加速5G技术在元宇宙领域应用。同月，上海市通信管理局制定并发布了

《5G应用"海上扬帆"行动计划(2022—2023年)》,指明力争到2023年,把上海打造成为全国重要的5G应用创新发展高地、5G发展引领区和示范区,以5G深度覆盖优势加速元宇宙落地。

截至2022年,我国网络技术已实现超速发展,我国移动互联网基站、终端、用户数量均保持整体上升趋势。我国政府下发各种政策促进网络技术发展,以此确保网络技术发展质量。2021年7月,工业和信息化部联合中央网信办发布《IPv6①流量提升三年专项行动计划(2021—2023年)》;2021年11月,中央网信办等多部门又印发了《关于开展IPv6技术创新和融合应用试点工作的通知》,联合组织开展IPv6技术创新和融合应用试点工作。在政策指导推动下,我国网络技术发展成效显著,IPv6"高速公路"已于2021年全面建成,IPv6网络基础设施规模达到全球领先水平。

截至2021年10月,我国5G基站开通数量达到129.1万个,占全球的约70%;5G终端用户达到4.71亿户,占全球的约80%;全国97%县城城区和40%的乡镇镇区实现5G网络覆盖。这些数据代表中国网络技术的发展已走在世界前列,中国网络技术已经为元宇宙落地布设庞大、生机勃勃的技术基础。

---

① IPv6是英文"Internet Protocol Version 6"(互联网协议第6版)的缩写,是互联网工程任务组(IETF)设计的用于替代IPv4的下一代IP协议,其地址数量号称可以为全世界的每一粒沙子编上一个地址。IPv4最大的问题在于网络地址资源不足,这严重制约了互联网的应用和发展。IPv6的使用不仅能解决网络地址资源数量的问题,而且也为多种接入设备连入互联网扫除了障碍(摘自百度百科,有删改)。

2. AI 技术深化元宇宙发展

2022年，我国AI技术领域深度发展。首先，AI技术实现从语音、文字、视觉单模态向多模态智能化发展，完成多感知层面深度延伸。其次，AI技术在虚拟空间实现数字人言行可控与多语种、多情绪表达，充分丰富元宇宙应用场景与使用体验，这让元宇宙发展不断向深层拓展，元宇宙建设更加生动。

随着AI技术的发展，我国各大媒体平台诞生了元宇宙人物，AI虚拟主播高调出现，实力圈粉，拉近了大众与元宇宙的距离。2021年10月，湖南卫视官宣虚拟实习主持人“小漾”；同月，北京广播电视台在“第二届中国广电媒体融合发展大会省级广电创新运营峰会”上发布中国首个广播级智能交互真人数字人“时间小妮”；2021年12月，新华社AI合成主播“新小微”展开了一次史无前例的新闻连线；2022年冬奥会期间，央视新闻联合百度智能云打造的首个AI手语主播“初心”正式亮相。这些数字人不仅代表着元宇宙首批公众人物登场，更表明AI技术已经将元宇宙拉入大众生活。

事实上，AI技术发展对元宇宙加速有更加深远的影响，因为AI技术决定着元宇宙的“主观能动性”。元宇宙虚拟数字人能否为元宇宙构建更和谐的发展空间，取决于AI技术应用的深度。截至2022年，AI技术已经为虚拟数字人加持初级智能属性。例如，科大讯飞虚拟人“小晴”已经在人民网正式上岗，担任《AI主播说两会》节目的主持工作，除正常资讯播报外，“小晴”还能够基于大数据分析对重大事件进行精准解读。又如，2021年微软旗下人工智能公司——小冰公司对外发布了数字孪生虚拟人技术，联合《每日经济新闻》推出全球首个AI驱动视频直播电视产品“每经AI电视”，“每经AI电视”可以实现视频采编播全流程无人操作，这款产品也是全球首个由人工智能技术驱动，每天24小时、每周7天不间断播出的AI视频直播产品。

AI技术进步深化了元宇宙的发展，提升了大众的元宇宙体验，沿着这一趋势畅想，元宇宙与现实世界融合程度将不断提升，未来生活在我们身边的元宇宙人物会不断增加。

3. 多元技术提供沉浸式云端服务

中国云服务市场的健康发展主要依靠多元技术助推。艾瑞咨询发布的《2021上半年中国基础云服务市场追踪》显示，仅2021上半年，中国云服务市场规模就达到了1 620亿元，同比增长38.3%。在疫情影响下云服务市场能够获得如此高的发展成绩，主要因为多元技术全方位提升了沉浸式云端体验。

2021年两会期间，在AI、MR、CAVE、5G技术支持下，新华社演播室实现了播报现场实景跨屏，主持人身处演播室，却可以根据播报信息进行实景跨屏，或者访谈嘉宾以全息影像方式出现在演播厅，这种跨越时间空间的云端服务，刷新了观众对元宇宙的认知，提升了观众的沉浸式体验。2021年3月，在XR技术支撑下，The9在2021年的首场演唱会“虚实之城”在虚拟空间举行，这是全球首个影视级LED写实化虚拟制作。虚拟演唱会借助XR等多元技术，实现虚拟坐席、虚拟分身形象、同频实体应援等沉浸式体验，让元宇宙娱乐特性充分凸显。

在元宇宙大潮下，多元技术发展速度已超乎想象，元宇宙价值被深度挖掘，元宇宙落地实践硕果累累，这一切表明元宇宙发展的又一重要节点已经到来，更丰富、更智能、更便捷的元宇宙体验已深入大众生活。更重要的是，这种由点到面的发展让大众感觉十分自然，元宇宙宏伟蓝图不是从天而降的，而是基于大众生活缓缓升起的。

06 商业丨精神消费的井喷式发展

不得不说，精神消费已经成为当代消费潮流，它不是经济市场创新，而是元宇宙发展的阶段性成果。

——三金先生

在元宇宙刺激国民消费的过程中，注重体验感的精神消费呈现显著上涨趋势，我国消费结构逐渐从物质消费为主转向物质消费、精神消费平衡。随着大众收入水平提高，精神消费占比近年来呈现井喷式发展趋势，元宇宙的到来很有可能改变消费市场格局。

为了印证这一观点，我们分析了元宇宙消费市场发展，最终发现这一市场空间每一次延伸，都会获得海量关注，引发大众精神消费热情。下面，我们就从一些代表性案例中进行了解。

元宇宙带来的精神消费首先触及娱乐行业。2019年，路易威登就为《英雄联盟》的玩家开发了专属“皮肤”，这是《英雄联盟》内出现的首个奢侈品品牌。据悉，第一个被路易威登设计服装的游戏角色是琪亚娜，琪亚娜的新衣服由路易威登设计师Nicolas Ghesquiere亲自设计。据路易威登官方公布，琪亚娜的这套造型价值不菲：现实世界中同款上衣定价41 000元，拉链萝卜裤定价15 300元，琪亚娜所佩戴的LOUISE圈型耳环定价5 000元，DAUPHINE BB腰包定价15 000元，皮革手套、高跟鞋分别定价6 550元、10 100元。然而，即便定价如此高，依然阻止不了同款产品销量攀升，可见“琪亚娜同款”加持，为路易威登在现实世界创造了超高商业价值。

2020年新冠肺炎疫情暴发后，大众居家时间大幅延长，元宇宙抓住这一机遇将虚拟产品带入社交领域，刺激大众精神消费欲望。例如，巴黎世家于2020年成立元宇宙业务部门，古驰、博柏利在各大社交领域营销虚拟服装，耐克也设计虚拟运动鞋，每一款虚拟产品推出都收获巨大成功，某些品牌更掀起虚拟产品消费热潮。

为何虚无缥缈的元宇宙产品能够具备如此强大吸引力？这不是大众对元宇宙产生的一时新鲜感，而是元宇宙触动了大众精神消费的深度欲望。据全球知名国际性金融服务公司摩根士丹利预测，“到2030年，元宇宙能让奢侈品牌的潜在市场扩大10%以上，带来超过500亿美元的营业收入”。这一数字在当下元宇宙产品消费场景中显得略为保守，因为精神消费的井喷式发展已经超越了大众想象。

总体而言，元宇宙虚拟消费市场与当代消费群体保持了较高契合度，现代主要消费群体是Z世代代表的元宇宙原住民，这一群体对元宇宙认知度、形象青睐度更高，更愿意进行精神消费，所以元宇宙虚拟产品才能够高效起步。

精神消费与物质消费本质其实相同，都是满足人类生活所需，不过精神消费注重高品质生活需求，随着大众生活品质的提高，精神消费需求自然增加。另外，知名品牌借助元宇宙力量刺激了这种需求。例如，2021年9月，巴黎世家在游戏平台《堡垒之夜》推出了一款虚拟服饰，售价仅为8美元，在Roblox上推出的拉夫劳伦冬装，售价仅为3～5美元，这种定价方式让年轻群体可以低价购买奢侈品牌，消费热情自然居高不下。

虽然截至2022年，全球范围内还没有统一的元宇宙平台，但各大品牌早已认清了精神消费趋势，在各个元宇宙空间大力发展虚拟商品，扩大元宇宙内的品牌影响，带动精神消费市场发展。据亚洲最大元宇宙平台Zepeto公布的数据，该平台拥有2.5亿元宇宙用户，累计出售虚拟时尚商品超16亿件。这一平台对用户消费双向开放，用户既可以购买元宇宙商品，也可以设计元宇宙商品出售。用户销售商品累计满5 000金币（Zepeto内流通的虚拟货币），便可以收入106美元，目前这一平台已经形成市场生态，精神消费在Zepeto内保持着良性发展。

精神消费主要体现为元宇宙虚拟产品交易，随着元宇宙对大众生活影响深入，精神消费范围也越发广泛。例如：2021年年初，耐克公司在元宇宙发布600多双数字虚拟球鞋，上线7分钟售罄；2022年春节，Meta Street Market公司在元宇宙发行了虎年限定系列“数字球鞋”XNOR-Tiger step，总上线数量888双，开售1秒即被抢空；2022年年初，喜力集团在元宇宙推出了第一款虚拟啤酒Heineken Silver，这款啤酒由沉浸式数字平台Decentraland提供，并有完整的二进制编码的酿造过程与配料表，甚至还有配料升级方案，喜力集团对外称“我们通常在卧式罐中酿造的特殊A酵母已被A-Pixels取代”。

不得不说，精神消费已经成为当代消费潮流，它不是经济市场创新，而是元宇宙发展的阶段性成果。精神消费比重会伴随元宇宙发展继续增长，甚至超越物质消费水平，这种虚无缥缈的消费其实更具意义，它代表着元宇宙正在加速到来。

07　教育丨个性化教育与普适教育的春天

在元宇宙内，教育不再是简单的信息传输，而是具有沉浸性、交互性、发散性、升华性、智能性特点的学识影响。随着元宇宙教育实践的推进，教育领域正在走入春天。

——三金先生

2022年3月22日，由中国教育创新校企联盟主办、慧科集团承办的元宇宙教育论坛顺利举办，中关村教育投资管理合伙人于进勇在论坛上提出这样一个观点，“元宇宙应用最有潜力的方向可能就是教育领域，其沉浸交互性会大幅度改善学习效果，其状态大概介于在线教育和线下教育之间。未来的元宇宙就是一个大课堂”，这一观点不是元宇宙与教育融合的幻想，而是“元宇宙+教育”展现的特性让教育人士做出的合理预测。

在元宇宙内，教育不再是简单的信息传输，而是具有沉浸性、交互性、发散性、升华性、智能性特点的学识影响。这种教育场景下，教育效果可以翻倍提升，学识诠释方法可以多种多样。例如，历史知识进入元宇宙后可以实现真实场景还原，以更具触动性的视觉方式进行知识传递，学生不仅可以身临其境感受历史故事，而且可以与历史人物互动，深度了解历史事件发生的背景及其影响和意义。

教育元宇宙与其他元宇宙不同，它是一个注重建设效果的数字世界，构成虚拟空间的每一项数据、每一条代码都有其明确作用。在教育元宇宙中，空间对应教育目标与教育人群。例如，某一块“教育空间”专门展示生物知识，相邻空间则是“历史世界”，这些教育空间不仅以沉浸化、智能化、交互性特点输出知识，还可以与学者互动，被导师建设完善。元宇宙旨在用虚拟方式打破现实世界的空间隔阂与时间隔阂。随着数据的积累，教育元宇宙建设效果自然不断提升。

根据元宇宙当前发展现状，可以预知未来教育元宇宙的构建方式。

1. AR、VR 技术构建虚拟学习空间

教育发展催生了网络教育，网络教育发展又进步到元宇宙教育，教育

进化过程中，“教室”一词的定义逐渐模糊，空间限制逐渐消失。未来元宇宙教育中，教室不再是房间，而是一种场景。学生通过AR、VR设备进入学习空间，用视觉感受知识的生动诠释。学生不仅能够看到历史故事发生的全过程，看到机械设备内部零件及运作方式，还可以通过知识重叠进行各种探索，将学与用完美结合，把学习视为生活方式、精神享受。

2. AI 技术提升教育效果

现代教育效果被抑制的主要原因是教育互动性不足，很多学生难以及时深入了解知识内涵。随着元宇宙带动AI技术在教育领域应用的提高，人工智能可以全面提升学生的学习体验。AI技术打造的“数字老师”可以随时随地回答学生提出的常见问题，并针对问题进行细致讲解，进行深度互动，之后根据学生学习风格与学习需求制定学习方案，这些“数字老师”将成为指引学生提升求学效果的重要角色，降低学生学习难度，提升教育效果。

3. 元宇宙满足个性化学习需求

个性化教育是现代教育欠缺的教育模式，元宇宙与教育融合后，虚拟世界可以满足教育更多要求，呈现更多教育方式，老师可以根据学生特点定制教育方法，进行个性化针对性教育。学生能够在更适合自己性格的教育场景中提升学习速度，可以运用元宇宙技术展示学习成果，教育互动性、准确性可以被元宇宙大幅提升。

4. 元宇宙提供普适化教育

普适化教育追求将现代先进教育成果进行最大范围扩展，不过受地域限制及师资队伍能力差异影响，我国普适化教育依然没有达到预期目标。元宇宙教育到来后，这一问题可以得到有效解决。

元宇宙教育可以将知识进行多元化、定制化呈现，教师水平不再是决定教育成果的主要因素，不同地域学生可以接受相同水平教育，教育深度、广度被元宇宙统一，普适化教育目标在元宇宙助力下可以迅速达成。

5. 元宇宙提升教育趣味

从“元宇宙+教育”的特性可以看出，元宇宙教育与现代教育是两种完全不同的教育体验，仅教育吸引力在元宇宙当中便可以无限提升。学生可以从每一个知识点中感受到学习乐趣，元宇宙甚至可以根据学生特点提前为其展示未来的工作场景。从这一角度来看，元宇宙教育是学生求学的必然需求，也是教育发展的主要目标。

虽然截至2022年元宇宙教育在我国还没有全面落地，但元宇宙已经对全球教育产生不同程度影响，甚至创新了新型教育方式。

全球最大的在线创作游戏Roblox在2021年11月向用户发布了一项数额

达1 000万美元的教育基金，用于鼓励用户在Roblox中提升在线学习体验。用户在Roblox中可以通过创建游戏为他人提供沉浸式体验获得基金奖励。这项基金发出后，大量教师涌入Roblox，在Roblox平台创建了多个教育空间。截至2022年，Roblox中已经完成了14个教育空间建设，其中热度最高的是真实展示达·芬奇发明过程的“达·芬奇部队画廊”和虚拟潜水器探索大堡礁的“Nautius”。这两个教育空间建设者是一位澳大利亚教师，其获得了Roblox大量基金奖励。

目前，元宇宙为教育领域创造的教育空间更类似游戏副本，主要体现为同类知识信息视觉化学习体验，这种教育模式虽然是创新型教育工具，但拥有较大提升空间。随着元宇宙教育的发展，虚拟教育空间对学生触动性、互动性将不断提升，常规学习方式将被全面颠覆，传统学科教育体系也会被重新建构。

纵观我国元宇宙教育发展成果，已经表现出教育方式与教育成果的一定改观。

我国多所科技大学构建数字孪生校园、完成XR实验室建设，并将这类元宇宙技术充分运用到专业教育当中，新型教学方式激发了学生学习兴趣，专业人才培养成果十分显著。

在机械专业领域中，数字孪生技术可以直观体现机械拆装、运作、维修流程，机械原理阐释更为清晰，在三维数字模型演示下，学生清楚了解到如何巧妙运用知识理论。

在心理学学科中，人体心理变化情况可以通过外接皮电测试仪等设备产生实际数据，心理学教育呈现数据化、实质化特点。

随着元宇宙教育实践的推进，教育人士发现“元宇宙+教育”的应用空间无限延伸，教育行业正在主动拥抱元宇宙，教育领域正在因元宇宙迎来春天。

08 医疗丨DAO 看病解决极大医疗难题

> 元宇宙与医疗行业的结合成果远超我们想象，甚至颠覆大众认知，这种变化代表人类生活水平与生活质量提升，代表人类正在拥抱元宇宙未来。
>
> ——三金先生

元宇宙是平行于现实世界的虚拟空间，现实世界一切数据可以在元宇宙清楚体现，所以元宇宙虽然虚拟，但对人类而言无比真实。目前，人类已经将元宇宙的真实特性运用到方方面面，在医疗领域，元宇宙技术已经取得一些成果，并保持着良好发展态势。

早在2010年左右，我国已经展开AR技术在脑动脉瘤治疗领域的研究，随着元宇宙的发展，元宇宙技术在医疗领域应用更加全面。医疗行业已经将VR技术应用到15 000多场手术当中，其中涉及解剖、分娩、脑动脉等多个领域，可以说元宇宙在医疗行业的发展处于超前水平。

目前，发达国家医疗界已经开始尝试将元宇宙与神经科学关联到一起，尝试开发元宇宙在脑震荡治疗方面的应用，一旦这项研究取得成功，元宇宙将全面提升医疗水平，同时改变医疗资源不足的现状。

现代医疗难点主要体现为治疗手段难以规避错综复杂的人体结构直达患处，元宇宙可以通过神经科学关联真实呈现人体数据，全面、直观地展示人体内部结构，并通过脑电波实时观察患者状态，所以这项研究成功后，人类可以实现初步远程诊断，配合治疗器械远程操作完成有效治疗。

另外，元宇宙催生了一种全新人类组织协同方式——DAO[①]，DAO与医疗行业结合可以构建大众就医新体系、新模式。在5G、区块链、AI、云计算等元宇宙底层技术支撑下，元宇宙医疗体系可以更加扁平化。大众就医体系可以通过去中心化决策被智能管理，医疗资源调度、分配可根据患者实际数据进行有效调控，大众就医及时性可得到保障。例如，元宇宙医疗系统可以根据患者数据给出最佳就医选择，其中包括就医地点、首选医师、就医时间等，医疗可以发挥最大作用。

虽然元宇宙医疗畅想还未实现，但方向已经基本确定，因为元宇宙已经为医疗行业发展提供了实质支撑，并在以下三方面有效解决了我国医疗行业的现存问题。

---

① DAO是英文Decentralized Autonomous Organization的缩写，是基于区块链核心思想理念（由达成同一个共识的群体自发产生的共创、共建、共治、共享的协同行为）衍生出来的一种组织形态，是区块链解决了人与人之间的信任问题之后的附属产物。（摘自百度百科，有删改。）

1. 基于患者数据提供诊疗方案

从人体生理角度出发，现代元宇宙技术可以将各种生命体征以生物信号方式采集，并进行数字呈现。随着元宇宙技术发展，人体生命体征呈现效果越来越细致，越来越直观。生命体征数据、生活状态数据是疾病诊疗的关键信息，在信息不断完善的趋势下，诊疗及时性，诊疗方案的合理性、有效性都将大幅提升，甚至未来可以借助元宇宙创建人体健康指标管理系统，根据数据提醒人类改变生活方式，提前防范疾病，在患病早期进行有效治疗。

2. 基于就医情况优化导诊方案

我国医疗资源依然呈现紧张状态，患者就医及时性、医疗资源分配合理性有待提升。元宇宙技术应用可以有效改善医院导诊系统。我国部分医院已经推出虚拟就医向导，这些数字人可以根据患者描述提供最佳就诊帮助，极大提升患者就医效率。未来发展中，元宇宙还将出现虚拟医护人员和虚拟诊所，患者无须再到医院排队，在元宇宙医院同样满足很多医疗需求。

3. 解决当下医疗难题

目前，我国通过互联网技术已经实现远程诊断，但诊断效果、诊断范围受限较大。在元宇宙技术引导下，智能生活传感器被大范围应用，患者病情数据、生命体征采集更及时、准确，远程诊断效果大幅提升。

未来发展中，元宇宙将实现虚拟空间专家会诊，各种医疗难题可以得到及时解决，我国人民健康保障随之提升。

总体而言，元宇宙医疗已经贴近大众生活，并提升医疗效果，但达到理想状态还有很长一段路要走，结合当前医疗环境与医疗水平，元宇宙深入医疗场景各个维度将成为发展关键，这需要元宇宙从两个层面加强医疗行业渗透。

首先，元宇宙需要补足医疗产业链数字化发展，增强医疗系统采集层、数据汇总层、数据分析层数字应用，提升医疗系统数字化、智能化发展水平。

其次，元宇宙需要建立数据共享、流通、交互机制，在医疗领域进行规模化发展。这需要元宇宙在医疗领域探索更多发展模式，加强技术应用深度，最终实现医疗资源共享、医疗范围扩展。

对比以往医疗行业发展现状，我国元宇宙技术应用实践程度在全球范围已经处于领先水平，元宇宙医疗发展成果包括数字诊疗、AI制药、智慧医院、手术机器人、AI导诊等各个层面，元宇宙技术已经嵌入大众健康防护、诊断、治疗等环节。

预计下一步，我国元宇宙医疗发展目标将是打造多功能“智慧虚拟医院”，通过感知技术、人体数据采集技术、实时交互技术创新，在元宇宙完成高难度医护任务，为大众提供24小时零距离贴身医疗服务。

可以想象，在虚拟空间大众就医不再有排队挂号环节，患者进入元宇宙医院之前，各项数据已经传达到虚拟医生手中，患者可以在虚拟医生处了解患病信息、治疗方法、养护方法等，如需到现实医院就诊也可以提前完成预约，及时进行治疗。

另外，元宇宙医院还可以向病人及家属明示诊疗过程，比如根据患者数据展示人体结构解剖图，明确患病部位、病症影响，了解基本治疗方案。这些元宇宙医疗服务可以消除患者及家属忧虑，提升患者就医配合度，提升疾病诊疗效果。

未来，元宇宙医疗水平很可能超出我们想象，甚至颠覆大众常规认知，这种变化代表人类生活水平与生活质量的提升，这一天早日到来也是大众的共同愿望，是现代元宇宙工作的努力重点。

第 8 章

组织重构　元宇宙中的企业如何生存

元宇宙生态发展已经进入繁荣阶段，虽然现代商业入驻元宇宙方式依然没能统一，但根据企业特点进行元宇宙布局已成市场共识。这种差异化思维带动元宇宙高速发展，带领人类向元宇宙深处迈进，随着元宇宙市场格局不断清晰，企业也纷纷做好拥抱深层次元宇宙图景的准备。

01 垂直丨细分领域的专业价值更值钱

未来，品牌产品会从直播带货的市场直接转移到虚拟人代言和数字藏品投放的市场环境中。这引导着无数产业将价值不断分配到元宇宙当中。

——三金先生

从宇宙万物发展逻辑层面思考，元宇宙与现实社会遵循着相同的进化规律，两者都追求从平凡到超凡，都厌恶平庸，注重体现自身价值。沿着元宇宙进化规律可以看到，元宇宙已经浸入互联网、制造、餐饮、医疗、交通等各个领域，并为不同行业打通虚拟空间市场，织就了一张覆盖全球的大数据网络。

我们可以看到元宇宙商业市场给现实商业带来了三个维度的改变，这些变化包含着元宇宙市场运作原理。

一是元宇宙提升现代生产力。在元宇宙促进下，现代各大行业办公效率、沟通效率、管理效率、运营效率全方位提升，尤其工业领域科技研发效率提升效果最为显著。

二是产业生产形式变革。各行业组织形态、生产模式、运作流程因与元宇宙结合获得升级，无数行业创新运作模式。

三是产业价值分配变革。元宇宙改变大众消费模式，精神消费与物质消费逐渐趋于平衡，现实消费渠道逐渐向虚拟消费渠道偏移。未来，品牌产品会从直播带货的市场直接转移到虚拟人代言和数字藏品投放的市场环境中。这引导着无数产业将价值不断分配到元宇宙当中。

过去十年里，我们见证了互联网技术主导的社会发展，元宇宙兴起后这种局势随之发展改变，社会变迁、生产力进步更多受元宇宙影响。作为人类构建数字化生活场景的主要工具，元宇宙将在各个层面展现价值，当然商业价值依然是这一科技成果的重点突出对象。

科技展现商业价值的主要方法是融入市场研发、生产、管理等环节当中，并改变资源配置效率、信息整合与商业关系。不过元宇宙与传统科技不同，其作用产生途径不偏重To C[①]领域，而是在To C和To B[②]中达到平衡，

① To C是指产品价值体现目标是个人用户，产品主要用于满足个人用户需求，提供优质服务。

② To B是指产品价值体现目标是企业，产品主要用于为企业提供服务。

即元宇宙满足大众生活品质提升需求的同时，促进企业发展，为企业创造更多空间与发展机遇。从这一角度分析，元宇宙对企业而言更像组织重构、模式颠覆，但不是产业突变，它遵循着商业市场基本发展逻辑，只不过把一些关键发展节点提前、提高。企业想要在元宇宙时代健康发展，需要定位发展方式以及自身在元宇宙内的价值体现方式。

当代企业进行元宇宙发展主要分为三种类型。

一是在现代互联网市场未能抢占元宇宙关键入口位置，为谋求更多发展先机，进行全方位转型。这类企业以脸书、微软为代表，它们抢占元宇宙市场的欲望十分强烈，拥抱元宇宙机遇更为积极。

二是自身产业具有促进元宇宙发展的优势，与元宇宙存在互利互助关系的科技企业。这类企业以英伟达、亚马逊为代表，它们从元宇宙布局开始便凸显优势，乐见其成。

三是在互联网市场占据主导地位，不想因元宇宙到来遭受影响的企业。这类企业对元宇宙依赖性不强，却明白元宇宙发展是必然趋势，在不影响主体产业的前提下，为元宇宙市场做好各方面准备，这类企业以苹果、谷歌为代表。

其实，无论哪种类型的企业都必须先正视元宇宙的到来，明确自身优势，定位领域专业，之后才能够在元宇宙市场获得更高价值。虽然苹果、微软、英伟达等公司迎接元宇宙时表现了不同态度，但每一家公司都遵循这一发展原理，并通过自身努力不断挖掘元宇宙价值。下面我们详细分析这些企业的实际作为。

1. 英伟达：做元宇宙的“快乐卖铲人”

英伟达是元宇宙到来时的第一批受益者，因为英伟达主要产业及业务布局与元宇宙发展十分契合，英伟达所属专业不仅能加速元宇宙落地，更能为其他行业创造价值。

我们都清楚，英伟达的主要产业是芯片技术研发及底层软件服务，在互联网市场，英伟达成了很多知名企业赋能者，它的产品甚至成为部分品牌企业发展刚需。元宇宙到来后，英伟达将这种专业优势延伸到元宇宙市场当中，并不断强化专业价值，让产业含金量不断提升。

首先，以GPU（图形处理器）起家的英伟达具有图形处理器专业技术优势，英伟达最初将这一优势体现在游戏领域，后随着人工智能发展英伟达迅速发现自身专业可以在AI学习领域体现更大价值，在GPU和CPU结合的异构架构业务模式下，英伟达很快成了元宇宙市场的宠儿。如今在众多元宇宙领域，英伟达都拥有较高话语权。

在商业市场元宇宙布局阶段，各大企业均面临大量图形渲染和AI学习问题，英伟达面对巨大市场需求增强技术研发水平，逐渐获取难以匹敌的市场竞争力。近年来，英伟达先推出TB级加速运算CPU——Grace，随后又提供与英伟达GPU配套使用的计算解决方案，这套业务如同一把在元宇宙掘金的铲子，让无数品牌企业青睐不已。

其次，英伟达不仅助力其他行业加速元宇宙发展，自己也在努力开拓元宇宙空间。2019年，英伟达针对元宇宙创作需要，搭建3D设计协作平台

Omniverse。Omniverse的核心用途是英伟达GPU与皮克斯通用场景描述，这一平台为无数工业设计师、工程师提供元宇宙发展机遇，甚至对工业行业与元宇宙融合产生了促进作用。

目前，Omniverse已成为众多著名工业企业元宇宙设计平台，支撑各大工业品牌构架元宇宙数字工厂。例如，宝马公司利用Omniverse在元宇宙构建了多个数字孪生工业系统，西门子公司使用Omniverse构建了发电数字孪生系统。

从英伟达的元宇宙发展可以看出，元宇宙细分领域的专业价值含金量更高，无论其他行业如何进入元宇宙，细分领域的专业企业都可以充当“快乐卖铲人”。

2. 微软：借助元宇宙再攀高峰

在互联网时代发展初期，微软便可以称为市场巨头，依靠Windows、Office等产品长期霸占行业前沿地位。不过随着互联网科技发展，微软也出现过发展减速的状况，因科技创新性不足被谷歌、苹果迅速超越，好在后续因主营业务增加云计算、云服务业务，微软又得以回归市场第一梯队。

元宇宙到来之际，微软非常重视这一机遇，并将它视为重获市场霸主地位的攀登阶梯，微软的专业优势体现为终端硬件与操作系统，借助这种优势，微软可以在元宇宙领域获得超前发展。

基于领域专业优势，微软在抢占元宇宙市场时表现得十分积极，与脸书公司一样采取大刀阔斧的改革发展策略。

在元宇宙布局上，微软耗费巨大资金与资源，聚焦MR元宇宙市场入口，与其他企业展开争夺，这一举措也代表了微软公司抢占元宇宙市场地位的决心。众所周知，元宇宙技术入口分为VR、AR和MR三种，其中VR是进入元宇宙的初级技术，其主要作用是构建元宇宙世界；AR是元宇宙与现实世界重叠的关键技术，其主要作用是加速现实世界与元宇宙融合；MR则是难度系数最高的入口，其主要作用是实现元宇宙与现实世界的虚实互动，这一技术也决定着人类进入元宇宙的深度与效果。

大多数技术公司布局元宇宙时选择VR入口，因为这一入口技术难度低，在元宇宙落地初期，VR技术应用更为广泛，适合家庭用户使用。

微软选择MR技术入口是一项长远发展战略，其目标直接瞄准元宇宙落地后期体验，在这一领域获得主动权便可以在元宇宙市场占据难以撼动的主导地位。

微软早在2016年便展开了这一布局策略，这一年微软率先推出MR头戴式显示设备HoloLens，HoloLens成了人类全方位视觉感受元宇宙的第一款装备。这款产品推出之后，微软便获得了元宇宙市场布局主动权，随后微软乘胜追击，于2019年发布升级产品HoloLens2，HoloLens2在性能与使用体验上实现了全方位升级。

在软件方面，微软也借助自身优势进行着元宇宙布局。2021年，微软先后推出了两款元宇宙应用Connected Space和Meshfor Teams。其中Connected Space主要用于企业管理，在元宇宙技术支撑下，企业领导者可以通过Connected Space全面了解企业运营情况，并制定改善管理的有效措施。Meshfor Teams主要用于为企业创造元宇宙办公环境，在Meshfor Teams软件中，企业员工可以化身元宇宙数字人，通过Meshfor Teams完成开会、共享文档处理等工作。

从微软的元宇宙布局可以看出，企业自身专业不具备元宇宙专业价值时，可以将发展目标定位在元宇宙核心价值上，通过产业布局转型，抢占元宇宙市场主导地位。

3. 谷歌：努力将现实优势复制到元宇宙当中

作为当代知名科技公司，谷歌的元宇宙发展显得十分尴尬。因为谷歌自身具备元宇宙领域专业优势，但这种优势主要体现在现实市场当中，能否将优势复制到元宇宙市场决定了谷歌的元宇宙发展前途。

谷歌的元宇宙领域专业优势主要体现为谷歌AR技术超前性。谷歌是全球最早研发AR技术并取得突出成果的科技公司，早在2012年，谷歌便推出了全球首款消费级AR智能眼镜Google Glass，虽然Google Glass当时没有引起轰动，却为谷歌奠定了元宇宙技术基础，谷歌也从未停止AR技术研发升级。

2017年，谷歌推出Google Glass企业版，这款产品在性能上实现了诸多突破，所以Google Glass企业版在制造业、农业、医疗业收获了良好口碑，为谷歌打开了消费级AR眼镜市场。

2020年，元宇宙兴起后谷歌决定以AR技术优势为起点，进行元宇宙市场布局。谷歌先收购了加拿大智能眼镜公司North，获得大量技术，随后招聘大量AR技术人才，加速发展AR技术在元宇宙领域的应用。

截至2022年，谷歌已经在元宇宙市场取得一定发展成就，如针对大众在元宇宙内进行远程高清实时通信的需求，研发了Project Starline通信技术，这种技术可以实现元宇宙裸眼全息3D通信，一旦实现产品应用便可以大幅拉近人类与元宇宙的距离。

从谷歌的元宇宙发展中可以看出，细分领域专业优势也是元宇宙市场发展优势，企业一旦具备这种优势，便可在元宇宙市场获得更高起点，展现更大价值。

三家巨头的元宇宙布局虽然存在巨大差异，但都取得了显著成就。其布局思维和策略指明了一个关键点，获取元宇宙细分领域专业优势等于掌握元宇宙市场财富密码，企业在元宇宙市场的发展会更主动、更乐观。

02　服务 | 所有的消费都将变成服务消费

> 元宇宙作为现实世界的平行世界，也可以视为实体商业的增值服务。在元宇宙能量加持下，一切消费都可以附带服务属性，一切消费都可以产生服务价值。
>
> ——三金先生

随着大众消费结构升级，服务消费占比逐渐上涨，不过这种上涨趋势与精神消费上涨不同，服务消费上涨更多是因为市场消费模式转变，而不是服务消费抢占了物质消费空间。越来越多的物质消费开始转变为服务消费，或产生服务消费，这直接导致服务消费市场迅速增长。

据商务部统计，2019年全国居民人均服务性消费支出在全国居民人均消费支出中所占比重达45.9%，北京市服务性消费额在市场总消费额中占比高达55.1%，可见服务消费已成为大众必要消费。

目前，我国居民服务消费主要领域为医疗、教育、文化、娱乐等，这些领域消费高速增加离不开元宇宙沉浸式体验带来的促进。在元宇宙融合过程中，各种消费新业态发展得如火如荼，尤其虚拟空间服务带给消费者完全不同的消费体验。在经济高速发展的今天，大众收入水平提高促使人们不再满足于简单的衣食住行，休闲消费、娱乐消费、保健消费大幅升级，促使服务消费市场高质量发展，这是消费升级的时代规律。例如，元宇宙打造的数字明星带来精神服务，从虚拟歌姬洛天依到自媒体虚拟网红柳夜熙、AYAYI，这些虚拟IP引领着现代服务消费。

现代品牌打造数字明星的主要目的还是商业化应用，这些虚拟人物不是简单的品牌标签，而是实实在在带来了互动体验，为产品附加了娱乐性的真实服务。例如，2021年双十一、双十二期间，各大品牌打造的数字人物在电商平台展开激烈对决，其中包括钟薛高的品鉴官阿喜Angie、屈臣氏虚拟品牌代言人屈晨曦Wilson、欧莱雅集团全球首位品牌虚拟代言人M姐，这些虚拟人物以主持人、特卖官等身份出现，其销售服务水平影响着品牌产品的销量。

消费市场向服务消费侧重主要为迎合Z世代的消费需求，向这一群体输出更高的消费体验。因为Z世代作为当代消费主力，具有圈层内容消费特点，其中服务消费就是关键决定因素。爱奇艺发布的《2019虚拟偶像观察报告》显示，我国关注元宇宙虚拟偶像或对虚拟偶像产生浓厚兴趣的人数高达4亿人；头豹研究所统计的数据又显示，截至2021年年底，我国虚拟数字人市场规模已超2 000亿元，预计2030年将达到2 703亿元，未来元宇宙数字明星将主导这一市场发展。

虚拟数字人之所以发展如此迅猛，是因为大多数品牌明白，元宇宙市场更青睐服务消费，而虚拟数字人是为品牌提供服务属性的主要载体，没有虚拟数字人，品牌很难在元宇宙建立良好形象，未来元宇宙市场发展自然缺乏核心竞争力。

其实，服务消费渐成热点是社会与市场良性发展的表现，也是消费结构升级的开始，这代表在元宇宙核心技术加持下，我国服务体系日趋成熟，服务质量不断升高，人们追求美好生活有了更多选择途径。未来这种消费趋势还将伴随元宇宙落地继续提升，甚至成为我国强化内需体系的重要动力，成为我国构建国内经济大循环为主、国内国外双循环为辅发展格局的重要着力点。

不过截至2022年，虽然我国服务消费占比不断升高，但与发达国家相比依然存在差距，这是因为在元宇宙刺激下，更多国外行业消费转变为服务消费。比如，2020年美国服务消费总额达到14.14万亿美元，服务消费领域包括住房、健康护理、交通、娱乐、餐饮、住宿、金融等，其中消费占比最高的是美国住房行业，服务消费占比为17%。

对比我国住房行业发展，虽然近年来购房、租房服务显著提升，但行业主体消费依然是房产实体交易，服务占比相对较小。美国住房消费则完全不同，房产实体交易仅占总体消费一部分，更多消费产生于房产销售、理财贷款、家政服务、家用电器服务当中，可以说美国住房产业在多种服务加持下才得以良性发展。

元宇宙到来后，美国住房服务消费再次升级，房产公司借助元宇宙技术为消费者提供更全面的住房服务，如自主看房、装修设计等，甚至为部分房产配备数字管家，提升消费者住房体验。可见，元宇宙可以为所有触及行业带来服务属性，这也是元宇宙的一大特点。

对比我国市场元宇宙发展，从服务消费层面分析，我国各行各业需要从以下三方面发力。

一是加速元宇宙技术融合。顺应消费市场与元宇宙融合的趋势，围绕大众消费中心、市场主要消费平台，增强元宇宙融合建设。在元宇宙技术支撑下改造传统消费模式，努力为传统消费附加服务属性，提升服务品质与效果。

二是构建元宇宙消费体系。元宇宙发展不仅是时代趋势，也是我国“十四五”规划建议的明确目标。在政策指引下，我国消费市场可以针对Z世代多样化、个性化的服务消费需求，创新服务模式，升级消费体系，借助元宇宙力量加速经济发展。

三是挖掘元宇宙服务价值。元宇宙服务属于精神消费，同时体现了传统消费附加价值。未来发展中，我国消费市场可以注重元宇宙服务价值挖掘，提升传统实体消费附加价值，比如实体商品与元宇宙商品打包销售，这类模式有助于刺激消费群体，提高实体市场与元宇宙市场的消费水平。

元宇宙可以视为现实世界的平行世界，也可以视为实体商业的增值服务。在元宇宙能量加持下，一切消费都可以附带服务属性，一切消费都可以产生服务价值。

03　连接 | 社交、办公的连接将更加虚拟化

互联网的诞生打破了时间与空间限制，创造了虚拟社交、办公初级形态。元宇宙的诞生为人类开创多维度近距离连接，将虚拟社交、办公升级为更舒适、更自由的沉浸体验。

——三金先生

在元宇宙产业应用场景中，虚拟办公、虚拟社交是当前发展的重点，因为这两方面最贴近大众生活，给大众带来的影响更为直接。正是清楚了这 点，现代元宇宙企业才将办公、虚拟社交视为发展重点。

元宇宙带来的虚拟社交与虚拟办公是一种形式颠覆，其主要作用不是远距离连接，而是虚拟空间的距离接触。例如，2021年8月，Meta推出了Horizon Workrooms虚拟办公设备，这套设备可以创造一个完整的元宇宙空

间。使用者通过Meta研发的头戴设备Oculus Quest 2可以为自己制作一款虚拟数字人，结合当下火热的元宇宙捏脸技术数字人可以与真人形象无限贴近，之后以三维形象出现在会议室当中。

在Horizon Workrooms宣传活动中，Meta创始人扎克伯格和电视台记者借助这套设备在元宇宙进行了一场虚拟采访，虚拟空间中两人的手势、表情得到清楚展现，记者话筒的移动、扎克伯格按动键盘的小动作都没有错过。

对比传统虚拟办公设备，这套设备清楚展现了元宇宙办公的优势。在使用传统办公软件的过程中，使用者更注重语言交流，为保证沟通效果，很多人不会打断他人讲话，这导致传统虚拟办公软件的效率受限。另外，传统办公软件很少借助手势、表情进行综合表达，这也限制了表达效果。

元宇宙虚拟办公软件完全解除了这些限制，人类交流实现真正意义上的近距离，这正是元宇宙社交、元宇宙办公的独有优势。其实，从元宇宙兴起之时便可以预测这一发展结果，因为元宇宙虚拟连接方式完全超越现代互联网连接，大众互动、沟通效果全面升级，连接紧密度、沉浸感更超以往。

那么，元宇宙如何在虚拟空间提升大众社交、办公质量，元宇宙社交、办公优势又体现在哪些方面呢？

首先，元宇宙社交、办公可以增强互动性。元宇宙通过仿真、3D等技术，为用户提供与现实完全相同的互动方式，这完全突破了传统文字与视频互动方式，用户可以用自定义模式互动。另外，元宇宙还可以为用户提供更多互动工具，全方位提升用户互动效果与体验。例如，多个元宇宙平台根据用户需求构建了生活、办公、娱乐场景，其中包括房屋装修、数字物品拍摄等，或者包含一些娱乐游戏。这些元宇宙场景可以满足用户参观、聚会、办公的细节等需求，互动体验、互动效果更突出。

其次，元宇宙社交、办公可以增强连接效果。元宇宙连接不会受现实世界影响，无论现实环境有多嘈杂，在元宇宙中都可以屏蔽，用户社交、办公效率得到保障。

最后，元宇宙社交、办公更具灵活性。因为元宇宙场景可以根据用户需求定制，所以用户可以在同一个现实空间完成多个不同场景的社交或办公活动。

基于以上三种优势，元宇宙引导社交、办公走向虚拟化、数字化趋势已是必然，因为传统互联网连接依然保持着高度中心化特点，且存在较大限制性，这导致虚拟办公、社交仅流于简单层面，不利于构建虚拟社区。元宇宙构建的虚拟世界拥有更有趣、更自由、高度自定义的连接效果，便于用户形成圈层，更有助于深度打破空间与时间的限制，为客户提供沉浸感体验。

2022年之后，区块链技术、交互技术等元宇宙核心技术的发展，又提升了虚拟社交、办公水平，越来越多虚拟社区开始出现在元宇宙当中。在虚拟社区里，用户可以获得现实世界才拥有的去中心化社交数据，因为每一位用户在社区中的作用独一无二，虚拟人物协作度、配合度可以直观体现，相互之间能够保持“强关系”，社交、办公效果自然再次升级。

打破距离限制，保持随时随地连接是互联网的特性，虚拟社交、虚拟办公随互联网发展应运而生，不过互联网带来的虚拟社交、虚拟办公大多停留在二维层面，而元宇宙真正实现了多维度近距离连接。在元宇宙技术影响下，大众社交、办公将不断趋向虚拟化，因为这种虚拟体验更自由、更舒适。

04 营销丨圈层化消费需要新的营销方式

元宇宙为现代营销带来了无限可能，更多企业将营销重点转移到元宇宙当中，营销效果远超以往。

——三金先生

元宇宙不仅将社交、办公带向虚拟化，更带来大众消费行为的转变。时代变迁中现代市场展现无限商机，企业发展获得众多突破。对企业而言，元宇宙时代首先要把握的机遇便是营销，因为主流圈层消费市场已经进入发展趋缓阶段，急需一种新鲜营销方式打破这一局面。

相比传统营销，元宇宙营销具有集成性、自由性、灵活性特点，与消费者关系更为紧密，它可以从三方面带给消费者完全不同的消费体验。

首先，元宇宙营销可以带来全新视觉体验，这种新颖消费模式可以产生更多新鲜感。

其次，元宇宙可以将一些现实世界无法实现的创意轻松呈现，营销创新更丰富、营销活动更多元。

最后，元宇宙营销不再局限于品牌推广，而转变为消费者互动，通过新型营销内容输出，增强营销乐趣。

在元宇宙营销优势加持下，越来越多的企业将营销重点转移到元宇宙当中，营销效果远超现实世界。例如，2022年3月13日，吉利汽车集团携手百度集团开展了一项“元宇宙看车”营销活动；百度公司在自己打造的元宇宙“希壤”中为吉利旗下高端品牌领克打造了首家汽车数字展厅“领克乐园”，并对大众开放。借助5G、云计算、VR等元宇宙核心技术，这次营销活动为大众带来了沉浸式看车体验，领克公司主要消费群体Z世代对这场营销活动给予一致好评，同时领克公司也打开了汽车行业元宇宙营销大门。

元宇宙营销已经成为当代市场营销新玩法，它能够带给无数企业优质的营销效果。但品牌想要展现元宇宙营销的最大价值，需要提前了解元宇宙营销的核心特点，并结合自身企业特色，从当代主流元宇宙营销中选择适合自己的营销方式。

1. 借助 NFT 破圈，在虚拟空间扩大品牌效应

NFT是确保元宇宙商品收藏价值与投资价值的数字IP，它直接打开了现实世界与虚拟世界财富流通的大门。截至2022年，NFT依然处于猎奇阶段，品牌借助NFT营销的方法主要有推出限量数字商品、制作虚拟周边，以及虚

拟人物跨界联名。

对企业而言，NFT具有强大的营销功能，能够迅速拉近用户距离，将品牌效应延伸至各个圈层。例如2022年1月，周杰伦与好友合伙创办的潮牌PHANTACi发售首个NFT项目“幻象熊/Phanta Bear”，限量1万个，单价高达6 000元以上，结果上线40分钟全部售出，总收入高达6 000多万元。

更重要的是，事后周杰伦音乐公司官方微博声明，周杰伦本人没有参加此次商业活动策划经营，也没有取得任何收益。这代表PHANTACi另外一个创始人刘畊宏仅借助周杰伦名气就在元宇宙中取得了巨大成功。

可见，NFT当下具有极大发展潜力，备受年轻群体关注，借助NFT营销可以取得现实市场难以想象的成果。

2. 借助虚拟网红、虚拟明星圈稳海量粉丝

目前，大多数品牌都已发布虚拟代言人，营销效果十分显著。但随着元宇宙的发展，越来越多数字人出现，这些虚拟代言人的吸引力便会无限下降。真正圈稳粉丝的是虚拟公众人物，这些早期入驻元宇宙的网红、明星可以撑起元宇宙流量的天花板。

“星迷宇宙”借助上千位明星IP打造的元宇宙英雄故事，自诞生之日起便拥有海量粉丝，这一方面是“星迷宇宙”自身影响力的体现，另一方面源于大量虚拟明星能量加持。

所以企业借助虚拟明星、网红营销的效果甚至超越现实世界，这种营

销方式也可以满足圈层消费群体所需。

3. 元宇宙空间内品牌相互导流

在万物深度互联的元宇宙空间内，品牌合作属于常见的营销方式。这种合作共赢与现实世界跨界营销有异曲同工之妙，营销效果主要为相互导流。不过品牌元宇宙合作营销比现实跨界更具吸引力，品牌宣传效果、圈粉效果、导流效果更为突出。例如，2022年2月，全球知名奢侈品牌古驰与国际娱乐品牌SUPERPLASTIC宣布在元宇宙中展开一项合作项目，双方公共推出一系列限量Crypto Janky NFT创作及手工瓷制雕塑作品，这场营销活动吸引了全球无数粉丝关注，两大品牌营销宣传效果更胜以往。

4. 元宇宙花式营销引导用户花式参与

前面我们讲道，元宇宙引导社交、办公无限趋向虚拟化，现代品牌元宇宙营销过程中也借助这种元宇宙特性。当代企业开展元宇宙营销活动时喜欢把活动性质设定为艺术展览活动、聚会活动和游戏体验活动，这些花式营销主要为引发用户参与，强化用户体验感。

品牌在现实世界主要诠释为符号，在元宇宙内则表现为内容。内容不丰富、不丰满很难取得良好的营销效果。根据品牌特点、用户特点设定沉浸式营销体验，是现代市场惯用的元宇宙营销方式。

总体而言，元宇宙为企业营销带来了无限可能，随着元宇宙与商业市场融合，营销方式可以被无限创新，圈层化消费也会被元宇宙主导。企业需要及时抓住当前机遇，借助元宇宙力量质变营销效果，让企业品牌、流量、价值三方面同步高质发展。

05 “岛”丨自驱动的组织协同与付出

“岛”是创新型组织形式，在“岛”的支撑下，元宇宙可以实现信息、资源共享，营造更加公平、开放、透明的社会体制，个体信任度无限升高，草根与巨头可以站在同一起跑线上。

——三金先生

随着区块链技术的发展、Web3.0时代的到来，元宇宙核心技术开始渗透大众生活的方方面面，这些技术应用已经超越最初范畴，开始影响社会组织形态，这时DAO应运而生。

DAO是Decentralized Autonomous Organization的缩写，中文翻译为“岛”，释义为去中心化自由组织，它是当前元宇宙关注度最高的区块链概念。DAO和传统社会组织形式不同，在DAO里没有层层镶嵌的等级系统，而是共同治理的扁平化结构，这种结构可以确保所有人的利益。

例如，现代企业机构大多具有中心化特点，层级系统明确繁杂，虽然各个单位分工不同，但主导整体发展的是企业领导者，这种组织架构可以满足企业高效率运行需求，却不能保障权益分配效果。

这种组织结构存在一定风险性，一旦企业领导者决策出现问题，基层员工利益则会遭受损失，而员工也没有办法阻止。如果这种组织架构入驻元宇宙，风险性会被无限放大。因为元宇宙组织构成是数字人，数字人犯错很难查证，如果组织领导者私心严重，基层员工就很难获得应有回报，只能像韭菜一样被一茬茬收割。

为了避免元宇宙出现这类恶性组织架构，DAO随之出现。在DAO中，所有成员事先以平等身份共同决定组织行为准则，然后以智能合约方式发布在区块链上，合约一旦上线则无法被个人主观篡改，即使是企业领导者也不能修改企业运营、利益分配方式，组织将以固定模式持久运行。

在DAO的约束下，所有成员必须遵守相同的行为准则，一旦违规，将被程序自动制止，这就是元宇宙的自驱动组织，这种运行特点被称为元宇宙组织运营“代码铁律”。在DAO中，所有成员拥有平等的组织管理权，但运营策略需要所有成员投票表决后执行，这种方式避免了传统组织形式因某人主观意见产生的固有风险，所以DAO既维护了元宇宙世界的公平，又确保了组织运行形式的安全。

总体而言，DAO是一种区块链上以智能合约形式规范组织管理、运营规则的编码系统，在没有集中控制与三方干预的前提下，DAO能够自主运营。这种组织形态刷新了大众的组织认知，改变了现代组织的发展方式。

如果说2021年是元宇宙元年，那么2022年可以视为DAO元年，因为经历了2021年的元宇宙发展，DAO的需求性在2022年凸显重要。

2021年12月，世界知名金融公司红杉资本对外公布，未来红杉资本将主动拥抱DAO，并将推特简介从“我们帮助有胆识的人打造传奇公司，从创意到IPO”更改为“我们帮助有胆识的人打造传奇DAO，将其想法变为现实。从创意到Token空投。让我们一起冲吧”。从红杉资本发展决策中可以看出，DAO将成为未来社会组织、商业组织运行的主要模式。

2022年之后，DAO重构社会组织关系、重构生产关系的特点越发突出，它深度激活现代市场生产力，解除海量信息过载效应，让信息价值无限增长。很多人认为，DAO是组织形态，与个人无关，DAO只能促使企业升级，无法利于大众。这种观点非常片面，因为DAO的核心特点是重构组织关系，但核心价值是提升组织运营效果，提升组织成员公共利益。随着5G、大数据等技术的发展，商业信息传播效率不断提升，海量信息传播中出现了信息不对等现象，进而导致社会财富分配不均，行业内卷严重。这种趋势下，无数人抱怨身边人因为一次风口可以收获巨额财富，自己辛劳十几年却碌碌无为；竞争对手因为商业信息准确获得超前发展，自己却面临破产危机。这都是现代社会个体的时空局限性、差异性造成信息不对等导致的。

但是DAO时代到来后，元宇宙可以实现群体信息、资源共享，社会运营机制更公平、开放、透明，个体信任度无限升高，所有人都可以看到相同的发展机遇，这就是DAO的最大价值。

当然，DAO也存在明显缺点。虽然DAO通过智能合约驱动，但组织规则的初始设立同样依靠人，如何提前制定公平、合理、稳定、开放，同时能够实现自我进化的运用法则，对组织成员是一个挑战，组织成员越丰富，规则制定越复杂。

对比之下，DAO的应用明显利大于弊，它解决了组织之间的信任问题，是现代中心化组织形态的进化版本，也是人类写作方式的革命性进化。

想要充分发挥DAO的作用，需要我们对DAO的组成、特征、作用进行深入了解，巧妙运用。

1. DAO 的组成

DAO的组成分为三个基本要素。

（1）明确的组织目标与组织文化，确保成员之间达成共识。

（2）明确的组织规则体系，其中包括组织创立、管理、进化等内容，同时这一规则体系可以置于区块链之上。

（3）明确的组织利益关联代币，有利于激励组织成员。

这三个基本要素可以构成DAO的基础框架，组织成员越多，DAO需要思考的要素越丰富。

2. DAO 的主要特征

DAO是传统组织形式的升级进化，相比传统主流组织形式，DAO具备以下特点。

（1）去中心化。DAO内部不存在层级架构，它采取扁平式交互、竞争、协作实现组织目标。DAO中间节点之间，组织成员之间始终遵循平等、互利的资源使用原则，以资源共享、优势互补、利益共赢方式自驱动运营。

（2）自动化运作。一个完整的DAO可以表现程序化、自动化、代码化运营特点，组织运营不再依靠中心化权力主导，而被高度自治的社区代替。这是因为DAO运营遵循共同标准与协作模式，内部共识与信任更高，系统运营具备规范性、安全性特点，即每个成员做好分内工作便可以共享组织利益，任何准则之外的行为都不被允许。

（3）公开透明性。在智能合约下，DAO的运营规则、成员职责权利、组织运营机制均公开透明。这种特性让DAO具备高效自驱动效果，所有成员权益得到精准分化，每一个在DAO中劳动、承担责任的成员都可以匹配相应权利与收益，组织协调、运转更有序。

（4）智能化。DAO是互联网技术、区块链技术、AI技术、大数据技术、物联网技术支撑的综合科技组织形态，它彻底改变了人为管理方式，实现了组织智能化管理运营。在智能化特性促使下，DAO的货币资本、人力资源及其他要素可以充分激发组织效应，实现价值增长。

3. DAO 的应用效果

DAO出现后意味着人类可以更自由、自主地选择组织形式，人类思维价值、创造价值可以再次提升，新商业变革很可能从DAO开始。DAO的作用印证了这些观点，并带给现代企业更多应用选择。

（1）DAO提供智能化管理效果。DAO的智能化特点决定了组织智能化管理效果，在各项智能科技支撑下，组织逻辑、系统运营、成员协作等方面存在的问题得以高效解决。组织无须全局控制，只需要把控各个节点、单位，就能够形成高效运作闭环，这是DAO组织特有的智能运营效果。

（2）DAO具备高效激励机制。DAO拥有合理、透明、公开的分配机制，成员能够清楚自得利益与自身行为的明确关系，进而产生激励效果。这是DAO自身具备的高效激励机制。

（3）DAO协同管理需求。DAO在形成之时可以统一管理需求，提升问题解决的效率，或演化出问题处理系统。从这一应用角度出发，未来DAO将催生无数高效组织。

DAO的出现是元宇宙带来的现代组织进化成果，它为人类带来更多组织形态选择，加深元宇宙时代信息运用效果。DAO不仅教会了大众如何在元宇宙世界发展，也保障了大众元宇宙利益。不可否认，DAO创造了一个生机勃勃的新领域，DAO时代描画的未来更值得期待。

06 未来丨Web3.0时代的智能网络与智能个体

Web3.0时代是一个创造了公平、开放环境的智能网络时代，智能个体真正获取了自主权，智能个体生产的数据不再是互联网平台的免费资源，而成了实实在在的数字资产。

——三金先生

在互联网从Web2.0演进到Web3.0的关键时间节点，基于智能网络创建的智能个体已成为现代企业驰骋元宇宙的主要方式，这对元宇宙基础设施建设有重要的影响。

元宇宙是互联网科技发展的重大革命，对大众生活、社会发展影响深远。随着元宇宙技术的迭代与创新，Web3.0时代或将引发新一轮的智慧革命，深度改变大众生活、工作的方方面面。

美国著名科技创业者兼投资人克里斯·迪克森曾这样描述过Web3.0：Web3.0是一个建设者与用户平等共有的互联网，而数字资产则是连接两者的关键纽带。

美国著名数据库创新企业Messari曾对互联网各个时代进行过总结归纳：Web1.0时代是一个信息“可读”的时代，Web2.0时代是一个大众“可读可写”的时代，而Web3.0才是真正“可读可写且被用户拥有”的时代。

从Web3.0的特点以及业界对Web3.0的解读可以看出，Web3.0与前两个时代相比不是简单的技术升级迭代，而是一种新型互联网生活的创造，智能网络与智能个体将带给大众意想不到的升级体验。

1. 智能网络

Web1.0和Web2.0时代的智能网络虽然支撑了Youtube、Facebook、微信等网络平台的高速发展，全面颠覆了大众生活社交模式，但对比以元宇宙为代表的Web3.0而言，这两个时代的智能网络依然处于“使用状态”，无论用户对智能网络多么依赖，都无法“拥有”。其特点主要表现在以下三方面。

（1）智能网络用户缺乏身份自主权。这两个互联网时代的用户只能通过互联网平台确定自己的数字身份，即在身份信息通过平台认证后拥有该平台的使用账户，一旦账户注销或被封禁，用户则失去了数字身份。且各个平台规则不同、账户独立，所以互联网用户只能在各个“孤岛”之间切换。

（2）智能网络用户缺乏数据自主权。在Web1.0和Web2.0两个时代，智能网络用户虽然可以生产数据，但不能拥有数据，数据最终所有权依然属于平台。这主要是因为Web1.0和Web2.0两个时代的网络平台入驻条约为“认同这种模式或不入驻平台”，用户没有其他选择，只能默认自己“使用者”而并非“拥有者”的身份。

（3）智能网络用户缺乏画像自主权。Web1.0和Web2.0时代的智能网络用户画像虽然强调“千人千面”，但画像设计基础依然离不开算法。另外，在商业利益影响下，基于大数据衍生的各种算法也并非“千人千面”，更多是“万人千面”“亿人千面”的状态，这也是各个互联网平台生存发展的一种底层逻辑。

相比前两个时代，Web3.0的智能网络则出现了重大变革。从元宇宙的发展热潮中可以看出，Web3.0的智能网络更强调以用户为中心，注重用户的自主权。例如，基于NFT技术，元宇宙用户身份、作品身份都具备了唯一性，这便确定了智能网络用户的身份自主权。

另外，Web3.0时代的智能网络还打破了中心化模式下的数据控制方式，消除了平台对用户数据的天然垄断。用户能够将各种数据自助分享传播，甚至可以装在U盘中随身携带或长期隐藏，这就是智能网络用户对数据全方位控制的表现。

最后，Web3.0时代的智能网络还具有极大的开放性与创造性，这一点同样可以从元宇宙世界的建设方式中看出。这代表算法已经不再是“千人千面”的底层逻辑，创造力成了Web3.0智能网络建设与发展的主导。Web3.0的智能网络可以为大众呈现一个无法预测、充满惊喜与无数想象力的全新网络世界。

2. 智能个体

早在2014年，以太坊的联合创始人加文·伍德就曾表达过这样一个疑问：“我在互联网上的交易、聊天数据的所有权应该只属于我，为什么平台也能拥有？”这是Web3.0概念被第一次公开提及，也引发了无数互联网用户的思考。

Web3.0时代到来后，加文·伍德的畅想变为了现实。Web3.0时代的智能个体不再受平台“绑架”，不仅拥有了数字内容的控制权与所有权，用户价值也得到了全面释放与认可。在这种状态下，智能个体从智能网络的建设者转变为网络世界的创造者，智能个体生产的不再是平台数据，而是智能网络的数字资产。

2022年9月16日，央视网孵化建立的数字藏品发售平台——央数藏正式上线。“YSC”系列藏品当天同步发售。在“Y”“S”“C”三个系列的数字藏品中，“S”系列最受年轻人关注，因为“S”系列对应板块是“数字潮流”，藏品主要包含潮玩、数字文创、电影、音乐等。这些智能个体创造的数字资产不仅满足了大众的精神生活需求，更被赋予了超高价值，这也体现了Web3.0智能个体的发展趋势。

Web3.0的智能个体既是智能网络建设者，也是智能网络拥有者，他们可以创造一种共建共享的经济系统，可以在智能网络中自由地投资、运营、管理某个项目。在这个激励相容的开放环境中，智能个体的潜力被无限释放，展现出不可估量的创造价值。

另外，智能个体在Web3.0的组织形式也发生了变化。基于Web3.0智能网络的开放特点，智能个体可以在互不相识的状态下，以无组织的形式形成一个协同作业的团体，这种组织就是我们前面提到的DAO。DAO是一种去中心化的自治组织，这一组织虽然拥有共同权益与资产，但项目决策完全靠智能个体民主自治，且决策生成后基于智能合约DAO会自动执行。这种去中心化、去中介化、点对点平权的组织形式最大化保护了智能个体的利益与DAO的核心目的，也充分发挥了Web3.0时代的智能网络价值。

例如，在央数藏的“创世藏品权益说明”中就有这样一条：“持有任意一款创世藏品的用户，将有机会成为央数藏 DAO 社群志愿者，配合社群管理。央数藏 DAO 社群是央数藏忠实用户建立的非官方社群，仅作为信息同步的一种渠道，央数藏不会对社群进行统一管理；对于有突出贡献的社群管理者和志愿者，央数藏将赠送精美礼品以及央数藏志愿者证书，以感谢大家对央数藏的支持与认可。”

从这条规定可以看出，Web3.0的智能网络从不注重智能个体的管理，而更注重智能个体的价值。任何可以创造数字价值的智能个体，都可以在智能网络中获取相应的利益。

总体而言，Web3.0是一个创造了公平、开放环境的智能网络时代，智能个体真正获取了自主权，智能个体生产的数据不再是互联网平台的免费资源，而成了实实在在的数字资产。随着这些资产的不断丰富与积累，Web3.0将持续演进，一个全民创造、共享的元宇宙世界将与现实世界逐渐融合。

第 9 章

原住民　如何参与到元宇宙中

我们必须承认，元宇宙的到来让世界日新月异。它开拓大众生活空间，创新商业发展方式，升级互联网连接效果，营造真实、有趣、温暖的虚拟社区。元宇宙正引领时代发展，吸引越来越多人参与。如何成为原住民是所有人思考的问题，这一问题的答案也决定了人类元宇宙的生活状况。

01 游戏丨如何成为元宇宙的头号玩家

元宇宙是人类生活升级，获取更高维度体验的重要方式，进入这一空间也是无数人的梦想，但仅仅碰触元宇宙还不足以改变人类，如何创造元宇宙、适应元宇宙才是关键。

——三金先生

在元宇宙概念兴起之前，大众对虚拟世界并没有精确认知，也没有理论层面共识，直到2018年斯皮尔伯格执导的电影《头号玩家》播出后，大众对元宇宙这片“绿洲”才拥有统一概念。人类可以通过VR设备进入到另外一个虚拟空间，以数字形态冒险、工作、娱乐、生活，这种沉浸式感官体验让大众无比向往。

所有人都清楚，元宇宙已经到来，但很少有人清楚如何进入元宇宙，如何化身原住民。与元宇宙产生直接关系并非购买一套VR设备在游戏领域娱乐这么简单，而是真实懂得如何进入这一世界，如何在虚拟空间构建生活场景。

截至2022年，顺利进入元宇宙的个人、组织已达一定数量，其中堪称元宇宙头号玩家、元宇宙开拓代表的企业当属Roblox，它向全世界打开了一扇元宇宙大门。

Roblox是美国一家游戏公司，是全球第一家元宇宙行业上市公司，也是第一家在元宇宙领域深耕的企业。2021年3月10日，Roblox上市当天市值增长54%，相比半年前的最后一次上市前融资，Roblox上市市值是估值的7倍，数额高达400亿美元。

不过Roblox被称为元宇宙头号玩家不是因为其商业价值，主要是因为Roblox开发的元宇宙方式让更多人看到自己应该如何参与到元宇宙当中。

1989年，Roblox创始人大卫·巴斯祖基（David Baszucki）和埃里克·卡斯尔（Erik Cassel）共同搭建了“交互式物理学”2D模型物理实验室，这个实验室便是Roblox的游戏平台起点。当时，“交互式物理学”2D模型物理实验室的主要作用是帮助孩子学习物理知识，孩子们可以在2D模型物理实验室中细致观察车辆碰撞、房屋搭建等物理知识。

在“交互式物理学”2D模型物理实验室中，大卫·巴斯祖基和埃里克·卡斯尔发现了孩子们惊人的创造力，为了深度挖掘青少年创造力，大卫·巴斯祖基和埃里克·卡斯尔决定用“交互式物理学”2D模型物理实验室基础核心组件，搭建一个释放青少年想象力的平台，于是2004年两人创立了

Roblox。Roblox既是一家游戏公司，也是一个游戏平台。

Roblox虽然是一家游戏公司，但Roblox开创的世界不是单纯提供游戏娱乐空间，而是创造一个更具人性化、开放化、自由化的表达平台，在Roblox游戏平台中，青少年可以将想象力、创造力尽情呈现，并分享给其他人。所以Roblox是一个集游戏娱乐、兴趣创作、社交于一体的综合平台，用户可以自由输出内容，吸引他人参与，并打造闭环经济系统。对比其他游戏平台，Roblox与元宇宙运行规程更贴切，它为用户带来无数种完全不同的游戏体验。

截至2020年年底，在用户创造力支撑下Roblox已经拥有超2 000万种不同的体验，其中1 300多万种体验已经产生社区效应，并不断放大。Roblox的数据显示，Roblox用户日活跃时长为2.6小时，每月平均探索超20种体验，截至2020年年底，Roblox平均日活跃用户已经达到3 710万，其中半数以上用户是12岁以下孩子，而25岁以上青年群体占比仅为15%。

Roblox游戏平台的连接方式非常多样，手机、电脑、游戏主机、VR头盔等设备都可以连接Roblox，用户创建数字人物后便可与轻松体验这个虚拟世界。Roblox内有完善成熟的经济系统，Robux是Roblox流通的货币，用户使用这一货币可以购买虚拟服饰、首饰、道具，以此定制自身形象，截至2020年，Roblox付费用户已经超过49万人。

Roblox创建的经济系统非常健全，用户可以用现实货币购买Robux，然后在Roblox进行消费活动，这是大多数游戏平台采用的盈利策略。但Roblox不同，Robux在Roblox中不仅能消费，还可以如同在现实世界一样进行建设、投资，以此获利。Robux在Roblox进行消费活动产生的大部分利润会支付给Roblox的体验创作者，Roblox官方只收取小部分佣金，更大利益留给创作者。2020年，就有120万名体验创作者赚取Robux获利，其中超1 250名体验创作者收入超过1万美元，超300名体验创作者收入超10万美元。为了打通Roblox和现实世界的经济系统，Roblox公司还设计了一项“开发者兑换”计划，每年赚取10 Robux以上的用户可以在Roblox将Robux兑换成美元。

2020年，Roblox经济系统总营业收入达9.24亿美元，同比增长80.39%。这代表Roblox经济系统已经非常成熟，并在稳定运作。不过Roblox公司处于亏损状态，全年亏损2.6 亿美元，这主要是因为Roblox花费大量资金用于平台建设与安全维护。不过Roblox已经形成“飞轮效应”[①]，越来越多的开发者开始涌入这一平台，Roblox潜力也被各行业看好。

从Roblox的发展数据来看，虽然DAU（daily active user，日活跃用户数量）增长开始放缓，但总体增长趋势没有发生变化。Roblox 2021年数据显示，Roblox第一季度DAU为42.1百万人次，第二季度为43.2百万人次，第三季度为47.3百万人次，第四季度为49.5百万人次。Roblox公司在给股东的信中这样写道:“在过去一段时间里，随着世界部分地区开始恢复正常的生活方式，我们的绝对数量仍然继续增长，这可以从我们提供的补充材料中看到。具体来说，用户、用户黏性、付费用户和预订量都处于（或接近）

① 指为了使静止的飞轮转动起来，一开始必须使很大的力气，随着飞轮速度加快，所花费的力气将逐渐减少。

历史最高水平。”另外，Roblox2021年自由现金流达到了5.58亿美元，这代表Roblox处于非常健康的发展状态。

截至2022年年初，Roblox用户已经遍布全球180多个国家，市场渗透率不断增长，Roblox中国市场代理公司是互联网巨头腾讯公司，这也表现了Roblox的发展潜力。

Roblox的发展模式就是现代人与组织入驻元宇宙，成为原住民的方式。从Roblox的发展中可以看出，想要成为元宇宙的头号玩家，不能仅追求与元宇宙连接，还要化身为元宇宙生产力，加速元宇宙与现实世界的融合。如何获得这一效果，我们可以从Roblox构建元宇宙的特征中总结。

一是创造了元宇宙身份。Roblox的所有用户无论在哪一场景都只能使用唯一身份，Roblox的身份系统名为“阿凡达系统”，结合捏脸技术和其他数字形象技术，这一身份是人类打开元宇宙的常规方式。

二是以为元宇宙创建更多内容为发展目标。Roblox是用户展现想象力、创造力的数字空间，无论用户在现实世界是什么身份，在这一空间内都可以成为建筑师、设计师。截至2020年9月，Roblox内搭建的不同场景已经多达1 800多万个，这些场景无限丰富着Roblox打造的数字世界。

三是具备优质社交属性。Roblox内各种场景设计均具备互动性，所以Roblox内社交氛围、社交渠道十分丰富。唯一不足的是截至2022年，Roblox内沟通方式依然以文字和对话为主，3D视觉互动、真实近距离社交还没有普及，这是Roblox发展的一大重点。

四是在全球范围延伸。截至2020年9月，Roblox已经覆盖全球180多个国家，支持11种语言，已经对接安卓、苹果等各种系统，并可以使用手机、电脑、游戏主机、VR头盔等设备，这种全球延伸式发展为构建元宇宙打下了良好基础。

五是具备沉浸式体验。Roblox实现了现实世界的多种不可能，并以3D形式全方位呈现用户的创造力、想象力，为用户带来沉浸式体验。

六是构建了成熟完整的经济系统。Roblox的创造价值已经连通现实世界，这是因为Roblox构建了成熟、完整的经济系统。用户在Roblox内不仅能消费，还可以获取利益，在Roblox官方推出的“开发者兑换”计划中，用户可以将虚拟空间想象力、创造力转化为现实世界的真实价值。

从Roblox构建元宇宙的特征中可以看出，成为原住民不是简单连接元宇宙，而是加速元宇宙与现实世界融合，注意以下几个关键点，可以加速获得原住民身份。

一是保持持久连接。持久连接不是指长时间沉迷在元宇宙游戏中，而是与元宇宙构建持久关系。例如，很多Roblox用户在Roblox中找到了“工作”，清楚自身如何在Roblox中展现价值，这种连接方式持久稳定，且对元宇宙建设有促进效果。

二是保持两个世界实时同步。想要具有原住民身份，需要确保自己能够在两个世界实时切换，这需要在硬件与软件两方面做好准备，比如随时携带进入元宇宙的手机、VR头戴设备等，在需要时随时进入元宇宙空间。

三是打通经济通道。成为原住民需要实现两个世界经济融合，不仅要在元宇宙中消费，还需要在元宇宙展现价值，获取利益，长久生存。打造闭环经济系统后，元宇宙可以成为现实生活的一部分，甚至成为人类生活的重要组成部分。

元宇宙是人类生活升级，获取更高维度体验的重要方式，进入这一空间也是无数人的梦想，但仅仅碰触元宇宙还不足以改变人类，如何创造元宇宙、适应元宇宙才是关键。

科幻电影《火星救援》中有这样一个桥段，主演马特·达蒙独自被困火星，靠种植土豆生存。这时马特·达蒙想起老师说的一句话，“一旦你在某片土地种下农作物，你就正式成为了‘殖民’者”。回顾当下到来的元宇宙，人类想要成为元宇宙主人，首先要学会“种地”，当我们成为这个世界的主要创造力与生产力时，我们就拥有了原住民身份。

02 社交丨捏脸和买地你想要哪个

从社交本质上讲，社交不是单纯信息沟通，而是生活享受。随着元宇宙的普及，大众社交模式会不断变化，未来大众社交方式、社交场景、社交习惯将诞生无限可能。

——三金先生

元宇宙社交是未来社交的主要方式，沉浸式、近距离社交体验让元宇宙更具吸引力。相比现代互联网社交，元宇宙定制化、个性化特点堪称亮点，这让社交打破了“颜值至上”规则，无限扩展社交选择。

例如，现代互联网社交、游戏平台社交主要以平面形象互动，玩家形象风格千篇一律，毫无个性特点。元宇宙诞生后催生了一种新职业，名为“捏脸师”，这种虚拟世界整容师可以按照用户需求，进行各种3D形象定制。当下知名捏脸师HC-DEVIL，曾为《和平精英》游戏按照韩国女团Blackpink成员Lisa形象设计游戏角色外貌，在元宇宙兴起后业务量暴涨，月流水可达10万元以上。

不过当下捏脸师的主要工作不是设计游戏形象，更多是设计元宇宙形象。因为元宇宙带给大众无限可能，在这一领域社交变得更加自由、开放，形象设计全面个性化、定制化。曾有捏脸师表示，现代用户需求多种多样，部分用户要求将自身形象与卡通人物融合、与动漫人物融合，甚至与宠物融合。这些刷新认知的形象拓展了元宇宙的社交方式。

2021年12月，Meta公司推出的Horizon Worlds办公软件正式上线，用户在这一虚拟空间可以设计数字人形象，但Horizon Worlds只能展现半身形象，这一缺点屡遭Horizon Worlds用户诟病。

从Horizon Worlds用户体验中可以看出，大众对元宇宙社交产品保持着旺盛需求，其中形象设计、体验感要求较高。

2021年3月，以“不看颜值，灵魂社交”著称的社交软件Soul对外公布，Soul的发展目标不只是社交，也包括为Z世代连接元宇宙。Soul在发展过程中，先后推出“超萌捏脸”工具、虚拟头像商城，目的是满足用户个性化社交需求，丰富社交场景。截至2022年，Soul个性化商城已经入驻80

多位捏脸师，虚拟头像作品超13 000个。

值得注意的是，Soul入驻的捏脸师并非全部全职，大部分捏脸师是上班族，Soul为这些创作者提供价值体现空间，他们可以通过制作元宇宙作品获取现实价值。

Soul产品负责人车斌曾介绍道："在现实中，这些捏脸师有人是普通上班族，有人是大学生，捏脸师的工作为给他们提供了用创意和爱好创造价值的途径。例如，有位西安的宠物美容师，通过在Soul做捏脸师月入近4.5万元；此外还有位在内蒙古读大三的00后学生，凭借捏脸实现了约4万元的月收入。"

捏脸师行业如此蓬勃发展，主要是因为迎合了元宇宙的社交需求，在捏脸师支撑下"颜值"不再是社交关键，创意、想象力、趣味渐成重点。正如Soul的主打口号"不看颜值，灵魂社交"，这才是元宇宙社交的魅力，这才能让社交变得更加美好。

除形象改变外，元宇宙社交也将开拓社交空间和社交可能。其中最明显的表现是社交开拓了商业空间，促进了元宇宙建设与发展。2021年12月，中国香港房地产巨头新世界发展集团首席执行官郑志刚宣布购入虚拟世界平台The Sandbox的一个数字地块，购入金额高达500万美元，这一数值刷新了元宇宙房地产交易纪录。新世界发展集团购入这一虚拟资产不是单纯投资行为，而是元宇宙入局战略，拥有这一资产后，新世界发展集团可以在元宇宙中构建娱乐场所，打造社交场景，为日后发展奠定基础。

从社交本质上讲，社交不是单纯的信息沟通，而是生活享受，这不仅需要人的交流，也需要相关设施辅助。近年来，随着元宇宙的发展，元宇宙内时装展厅、演唱会舞台、博物馆、景区等场景越发丰富，这些设施提升了元宇宙用户的社交体验，也为这一虚拟世界集聚了巨大人气。相信不久的将来，元宇宙社交不再是聊天、打游戏，而是虚拟世界逛街购物、景区旅游、演唱会互动等，这些都将成为元宇宙社交的重点。

在社交需求引领下，近年来元宇宙地产行业越发火爆，很多元宇宙地产价格出现十倍甚至数十倍增长。2021年，元宇宙平台CryptoVoxels出售了一块名为9 Robotis Route的虚拟土地，最初售价仅为101.2美元，但经过3次转售后，这块土地价格升至9 570.8美元。2021年10月，基于区块链技术研发的3D虚拟社交产品“虹宇宙”也开启虚拟房产售卖活动，这一元宇宙房产价格增长更是惊人。据报道，虹宇宙虚拟房产上线第一天，售价88元的房产被抢购一空，当天咸鱼平台就有人出售虹宇宙二手房产，价格为10万元，增长1 000多倍。

虚拟地产行业发展火爆代表未来元宇宙社交场景丰富，这也为元宇宙局面带来更多社交选择。当下，火爆的元宇宙房地产行业中不乏一些投资群体，这加速了元宇宙土地开发，而且这些土地资源最终依然用于社交场景建设。从虚拟地产本质分析，市场火爆代表需求强烈，虚拟地产行业在满足用户需求的同时，也使元宇宙社交元素不断丰富，社交价值成倍增长。从元宇宙空间角度分析，虚拟地产行业发展，代表元宇宙空间扩大、深度增加，现实世界空间不足的问题或许被元宇宙解决。例如，未来或许不再需要建设真实展厅，只需要在虚拟空间构建虚拟展厅便可以完成产品与品牌展示，这种方法既满足人类空间需求，又带来品牌发展效应，元宇宙价值随之突出。

随着元宇宙普及，大众社交模式会不断变化，未来大众社交方式、社交场景、社交习惯将诞生无限可能。相信有一天，人类可以足不出户联通全球，甚至联通宇宙，全球每一个角落可以随时触达，只不过这一梦想是在元宇宙中实现的。

03 创造 | 你的每一个创意都可以 NFT

> NFT是人类通往元宇宙的重要通行证，作为虚拟空间不可代替的货币，NFT可以用来衡量现实物品在元宇宙复刻的价值。在NFT引导下，世界万物皆可转化为一串串数字，人类想象力、创造力可以被量化，只要亮点充足，价值便可无限增长。
>
> ——三金先生

2021年暑假，当所有学生都在享受假期乐趣时，一个12岁的英国男孩本雅明却将自己的兴趣作品售卖了250万元，这件事令人难以想象，但在元宇宙的引导下却成为现实。

本雅明是一个具有优秀编程能力的阳光男孩，他出生在一个金融家庭，父亲是一位出色的金融软件开发者。本雅明儿时起便和弟弟每天向爸爸学习编程技巧，如今他和弟弟已经是英国著名编程挑战平台CodeWars的知名人物，两人积分排名始终占据全网站前6%。

2021年暑假期间，本雅明从当时流行的像素风格中获取灵感，按照鲸鱼形象开始编写程序，利用暑假时间创造了像素鲸鱼Weird Whales（奇怪鲸鱼）。由于这些鲸鱼画像每一只都有独特配色和配饰，看起来就像一套表情包，所以本雅明的作品又被称为元宇宙表情包。

Weird Whales一共有3 350张形态、颜色各异的鲸鱼，因为本雅明采用Python编程自动编写程序，所以这些表情包有独一无二的身份，且便于销售。完成Weird Whales后本雅明开始出售这套作品，上线仅9个小时全套Weird Whales被抢购一空，本雅明获得了近160万元的收益。而这套Weird Whales还在产生二次、三次交易，每次交易过程中本雅明可以获得2.5%的抽成。截至2021年年底，Weird Whales总交易量达到3 000万元，交易参与人数高达1 500人，本雅明总收益超过250万元。

不过本雅明创作Weird Whales并不是为了赚钱，而是为了将自己的兴趣爱好及特长在元宇宙中展现出来，令本雅明意外的是自己的作品如此受追捧，所以才进行售卖。本雅明的父亲认为儿子作品的历史价值远大于艺术价值，因为本雅明创造的元宇宙产品是时代变革的代表，这些作品及销售行为值得纪念。

本雅明从小就是一位资深网民，不仅拥有Github账号，在创作Weird Whales后还在Youtube、Twitter、Instagram等平台进行推广。他虽然只是一名小学生，但对元宇宙的理解甚至超越了很多成年人，他懂得元宇宙底层运营逻辑，也清楚虚拟世界与现实世界的财富流通方式。这个12岁的男孩很早以前就开通了数字钱包，他创作的Weird Whales都以虚拟货币形式交易，但他并不打算把虚拟货币兑换为英镑，因为本雅明认为数字钱包是未来发展趋势，银行账户在未来反而不再重要。

爱因斯坦曾说过，“热爱是最好的老师”。兴趣爱好可以增强人类的学习动力，强化人类的生活能力，元宇宙时代到来后，“热爱”还可以通过NFT转化为实际价值，改变人类财富的获取方式，这就是时代发展的表现。

NFT是人类通往元宇宙的重要通行证，作为虚拟空间不可代替的货币，NFT可以用来衡量现实物品在元宇宙复刻的价值。在NFT引导下，世界万物皆可转化为一串串数字，人类想象力、创造力可以被量化，只要亮点充足，价值便可无限增长。

自媒体平台当中有很多热点创意，这些创意以短视频、声音、画面等形式呈现。如果这些创意能够以元宇宙方式展现，并以NFT形式出售，那么每一个创意都将带来巨大财富。

另外，很多优秀创意作品因为缺乏作品展示渠道而无法触及大众，更无法产生价值。元宇宙到来后，这些创意有了新的展示空间和渠道，只要获得用户青睐，同样可以转化为实际财富。

换言之，NFT是元宇宙时代创意、形象、想象力、艺术思维的价值转换工具，任何人的任何创意只要在元宇宙被认可，便可以通过NFT直接获利。

那么，NFT的应用方法和应用流程是什么呢？

首先，我们需要注册一个数字钱包，对接元宇宙平台的虚拟货币交易。不同平台的数字钱包申请流程不同，但只要提供身份证明都可以注册成功。

其次，了解元宇宙内交易场所与交易流程。例如，本雅明创作的Weird Whales是通过以太坊虚拟货币交易的，这就需要我们清楚以太坊交易规则及交易方法。

再次，确定NFT平台，了解虚拟货币交易要点后还要清楚元宇宙作品销售方法，选择适合的NFT平台，之后上线作品，用户之间便可以进行平台交易。

最后，及时营销推广。虽然元宇宙发展还处在初期，但每天有海量元宇宙作品出现，销售元宇宙作品同样需要宣传推广，比如到Youtube、Twitter、抖音、快手等用户基数庞大的平台推广，往往可以大幅提高销售。

总之，当下是一个元宇宙概念火爆的时代，NFT在风口之下更为重要。截至2022年已经有很多人借助NFT平台一夜暴富，而更多人只是进行旁观，还未享受到风口红利。深入了解元宇宙之后，我们会明白元宇宙当中每一个创意、每一种思想都可以NFT，都可以转化为实际价值，清楚了这一道理才能站在元宇宙风口制作自己的造富神话。

04 创业丨如何找到你在元宇宙的生态位

元宇宙时代的机会和互联网时代一样，会重新诞生平台级公司，再次开启一次财富再分配的机会，会诞生无数的企业及全新行业，比如数字维权警察和数字艺术家，人们在虚拟和现实交替的世界里演绎自己全新的人生。

——三金先生

元宇宙风口之下，我们看到无数巨头竞相布局，看到相关行业市场超前发展，这意味着元宇宙发展已成必然，市场新趋势下必将诞生无数机遇。那么，元宇宙时代应该如何创业，创业者又该如何定位优势生态位呢？

在回答这个问题之前，我们首先要清楚元宇宙时代与互联网时代的差别，明白元宇宙风口带来的机遇释放在哪些领域。如果我们只看到NFT平台火爆，看到虚拟地产翻倍增值，盲目跟风很容易成为市场“韭菜”，因为拼硬件实力，大多数人无法与巨头公司相比，拼思维策略又逊色于元宇宙核心产业群体，只有定位于如何让自己的优势在元宇宙中展现更大价值，才能够找到正确的创业方法。

距离元宇宙第一个吃螃蟹者Roblox上市已经过去一年多时间，元宇宙市场发展从井喷时期逐渐恢复冷静。例如，Meta 2022年第一季度财报显示，Meta用户增长出现停滞状态，营业收入远不及预期，公司股价暴跌26%。

Meta旗下主攻元宇宙技术研发的VR/AR技术部门运营亏损高达101.93亿美元。Meta发展动荡属于正常现象，毕竟元宇宙元年大多数企业以过激、盲目的态度看待这种趋势，当市场回归理性后企业必须为冒进行为买单。

不过，元宇宙发展势态整体向好，大多数公司仍在加大元宇宙发展力度。例如，2022年2月，腾讯公司准备推出XR业务，并向社会招聘相关技术人才，这是腾讯公司定位自身元宇宙硬件生态位的举措。国内外科技巨头的新动作，又给了一些人信心。2022年1月，微软发布声明，将全现金收购全球三大传统游戏大厂之一的动视暴雪，交易价值达687亿美元。微软CEO称，这是微软迈向元宇宙的一步。

从这些巨头前赴后继入局的行为与方式中可以看出，元宇宙发展机遇主要集中在四大赛道，这四大赛道是大众、组织入局的首选阵地，也是价值集中的财富高地。

1. 数字人赛道

数字人赛道是门槛最低、涌入人数与企业数最多的赛道。自2021年下半年开始，大量数字人出现，并逐渐成长为数字IP，因此引发一波元宇宙浪潮。例如，抖音平台一夜爆火的柳夜熙，芒果TV虚拟主持人YAOYAO、小漾，华为虚拟数字人云笙，等等。在虚拟人迅速增加的过程中，资本大动作并不多，天眼查数据显示，2021年全年数字IP融资总数为300～400例，2021年最火的数字IP翎Ling融资仅3次。

总体而言，数字人赛道表现为入门容易入局难。因为打造数字人成本并不昂贵，据业内人士统计，打造一个普通级别数字人仅需要3个月时间，总成本在10万~40万；但打造明星数字人则需要攻克多种技术难关，且配合营销战略。

目前，数字人赛道大多表现为注重数字人形象，过于依赖捏脸效果，所以这一赛道技术发展依然停留在表层。大多数入局这一赛道的企业、个体以社交为重点，在数字人形象上苦下功夫。从这一层面出发，数字人赛道拥有较大发展空间，因为现有数字人的作用只是吸引大众关注元宇宙，这些数字人还没有成长为元宇宙标签，充分展现元宇宙魅力，其创造力、技术性有待提升。所以，这一赛道适合技术型个体、企业入驻，企业可以通过自身产业优势迅速定位元宇宙生态位。

2. 游戏赛道

游戏赛道是元宇宙布局最早的领域，也是元宇宙用户最多的领域。不过这一赛道有研发周期长、投入成本高等特点，所以这一赛道更适合技术实力突出、资金雄厚的企业入驻。

经过一年多角逐，游戏赛道已呈现两极分化局势。以Roblox为代表的品牌企业占领市场核心区域，大量中小企业被淘汰后，剩下的中小企业抢夺着边缘市场。虽然游戏赛道竞争激烈，但总体发展效果并不突出。例如，在Roblox带火沙盒游戏后，大量同类企业跟风，纷纷推出沙盒游戏，入局后发现这一赛道要求十分苛刻，只有完全释放创造力、想象力，同时沉浸感十足的平台才能受Z世代关注，大多模仿者惨遭失败。

游戏赛道的发展虽然不及预期，但整体形势依然良好，因为大众娱乐需求随元宇宙发展不断提高，这一赛道属于生活刚需，未来前景广阔，能够在这一领域进行创新的企业可以尝试入局。

3. 技术赛道

元宇宙技术赛道是国内外巨头公司最重视的关键地带，谁能够抢占元宇宙技术高地，谁在元宇宙就拥有更多话语权。所以微软、苹果、索尼、腾讯、阿里、字节跳动等公司纷纷入局技术赛道，通过软件、硬件研发抢夺发展先机。

其中，微软、苹果等公司以AR业务为起点，Meta、索尼则更注重VR，虽然大家采取的方式不同，但目标高度统一。这一市场竞争更为胶着，所有企业均与对手赛跑，为抢占更多市场分秒必争抢发产品，因为微小的时间差也容易造成巨大的发展差距。

技术赛道是元宇宙发展的核心赛道，这一赛道发展成果决定了元宇宙到来的时间与内部效果。所以这一赛道门槛极高，赛道财富丰富，只有技术实力与资本实力超强的企业才适合布局。

4. 社交赛道

社交赛道与数字赛道同属于门槛低、入驻人数多的常规赛道。这一赛道入驻形式多样，只要拥有具备社交属性的元宇宙载体都可以入驻这一赛道。

社交赛道发展更注重创意与体验，只要企业能够带来社交新体验，或打造出新型元宇宙社交模式，就可以获得良好发展。不过社交赛道市场迭代频繁，企业只有长期处于紧张备战状态，不断创新社交场景、为元宇宙社交提供价值增量，才能够在这一领域获得良好前景。

分析完元宇宙四大入驻赛道后可以发现，定位元宇宙生态位并不困难，但能够持久站稳、登高前进才是关键。元宇宙带来的发展机遇十分丰富，机遇背后隐藏着诸多挑战，只有看清机遇背后的入局方法，理清元宇宙运营规则，才能够成为游戏赢家，顺利、长期融入元宇宙生态。

05 资产丨在元宇宙里如何变现和投资

“创意变现，冷静投资”是现代元宇宙用户需要具备的获利思维。保持正确心态、采用正确方式，我们才能顺利进入元宇宙造富的“快车道”。

——三金先生

从互联网的发展历程可以看出，每一次技术升级都会为商业市场创造巨大财富机遇，无数企业从中获得超前发展，新兴巨头、创新品牌在全新领域诞生。例如，阿里巴巴、苹果、字节跳动，这些行业引领者都是借科技风口取得成就的。

在元宇宙时代到来之际，市场格局被全面打开，财富挖掘成为所有企业注重思考的问题，如何变现、如何投资、如何获得财富密码，这些问题的答案就是元宇宙造富的方法。

其实，元宇宙投资变现并不复杂，理解元宇宙财富系统运营逻辑便可以在这一领域获利。

2021年6月，支付宝与敦煌美术研究所共同推出两款“付款码皮肤”数字商品，这两款商品基于蚂蚁链发行，用户购买成功后进入支付号后台付款码管理处可以查看兑换，并进行皮肤更换操作。两款“付款码皮肤”限量8 000份，售价为10支付宝积分+9.9元，每个支付宝账号只能购买一个。上线当天两款“付款码皮肤”被抢购一空。

2021年8月，腾讯推出了自己的NFT交易平台——幻核，幻核上线后限量发售300枚有声数字藏品“十三邀”。“十三邀”是腾讯发行的数字黑胶唱片，内含李安、陈嘉映、李诞等十三个知名人物语录。与普通有声文件不同，“十三邀”购买前可以进行互动体验，购买后便获得专属镌刻权。这300件数字藏品上线1秒即售罄。“十三邀”售完第二天便出现在国内二手交易平台上，原价18元的“十三邀”拍卖价格超过10万元。

支付宝和腾讯可以如此轻松地获取元宇宙红利主要有两方面原因，一是两者拥有庞大的用户基数，二是两者通过创新体验感满足用户需求。元宇宙作为拥有无限可能的虚拟空间，其变现能力最强的不是数字产品，而是创意与想象力。在元宇宙当中，每个人都是自由创作者、自由演绎者，只要能够和用户产生联动，令其获得高体验感，思想、声音、形象、技术都可以高速变现。

从这一角度分析，元宇宙空间有无数变现渠道。例如，三金先生打造的“星迷宇宙”，也是元宇宙变现平台。“星迷宇宙”变现方式有两种：一是打造明星IP形象。上千位明星与“星迷宇宙”签约后，“星迷宇宙”粉丝成倍增长，这些明星的元宇宙形象具有超高商业价值，随时能够变现。二是“星迷宇宙”提供创造素材，优秀创作者可以通过“星迷宇宙”展现才能和创意，成长为元宇宙“数字艺术家”，在“星迷宇宙”粉丝中这些数字作品也具有超高价值。事实上，三金先生打造“星迷宇宙”的初衷正是帮助中国所有创作者变现。所以三金先生在“星迷宇宙”宣传时不断强调“‘星迷宇宙’要做东方的迪士尼，先让中国内容创作者获利。我们提供丰富的IP素材，上亿的资金支持与发行机会，鼓励开发者创造价值。每个人都是超级英雄，做出好故事让中国精神、中国力量走向世界”。

总体而言，元宇宙变现方式非常丰富，只要让创作与元宇宙用户连接就可以建立变现渠道。基于这一逻辑，三金先生设定了“星迷宇宙”用名人造势，用授权创收，用内容建壁垒，用创造者赋予灵魂，用世界观囊括历史，用精神传递能量，秉持文化向善的发展理念。这则东方科幻超级英雄故事不只属于三金先生一个人，三金先生将尽全力，以“星迷宇宙”鼓励与扶持更多元宇宙创造者。

了解了元宇宙变现逻辑后，我们来分析元宇宙投资。近两年元宇宙投资市场火爆异常，数字藏品、虚拟地产投资翻倍案例屡见不鲜，投资增长幅度不断刷新纪录。不过随着元宇宙市场趋于成熟，恢复冷静，元宇宙投资表现出规范、理性的特点。与此同时，我国政府也将规范元宇宙市场经济发展作为当下的重点管理目标。

2022年全国两会期间，全国政协委员、第五空间信息科技研究院院长、上海市信息安全行业协会名誉会长谈剑锋提交了《关于加强对“元宇宙”市场的监管，防范新型数字经济风险的提案》，这份提案明确提出了多项关于元宇宙投资市场健康、理性发展的管理建议。

全国政协委员陈晓红提交的《加快推进元宇宙市场稳健发展，做强做优做大我国数字经济》提道，“实施包容审慎新监管，引导元宇宙市场稳健发展。坚持发展和规范并重的监管理念，精准把握监管与创新的平衡点，为元宇宙市场稳健发展留足空间。一是制定元宇宙技术及产业发展专项战略规划，推动元宇宙与实体经济的融合发展，引导企业投资，鼓励创新经营；二是健全免责机制，结合元宇宙发展新业态、新模式，制定元宇宙市场的科学监管方案；三是把握监管重点，从引导投资、伦理风险、数据安全、隐私保护等方面出台有效监管法律法规，防范元宇宙在发展过程中带来的资本绑架、价值伦理及虚拟空间管控等问题，在监管过程中统筹发展与安全”。

从这两份提案可以看出，元宇宙跟风投资市场已经降温，后续元宇宙投资必须有策略、有规划地进行，否则很容易遭受巨大损失。从2022年元宇宙投资市场发展领域来看，元宇宙社交、数字人、游戏和技术四大赛道呈现完全不同的投资效果。

首先，元宇宙社交赛道投资效果整体趋势良好，但竞争较为激烈。因为社交是元宇宙的发展重点，这一赛道门槛较低，发展空间较大，所以社交赛道是各类企业投资的首选阵地。在这种趋势下，大量企业耗资增强元宇宙社交属性，投资效果十分明显。

其次，元宇宙数字人赛道投资效果开始下降。由于数字人增长过快，质量参差不齐，大多数元宇宙用户新鲜感已经消退，所以能够在这一赛道胜出的大多是打造高质量数字人的实力企业。

再次，元宇宙游戏赛道投资前景整体良好，不过这一赛道对投资数量有一定要求，资本雄厚的企业可以考虑，否则很容易面临风险。

最后，元宇宙技术赛道依然呈现高质量发展状态。2022年以来，大量技术企业涌入这一赛道，技术领域投资活动不断增长。尤其各巨头公司纷纷加大资本投入，这是因为元宇宙到来是必然趋势，而技术是元宇宙的核心支撑，技术价值将不断增长。

无论变现还是投资，都是元宇宙带来的财富机遇。想要在元宇宙市场获利，就需提前了解其中规则。无论从宏观角度考量，还是从微观角度思考，“创意变现，冷静投资”都是现代元宇宙用户需要具备的获利思维。只有保持正确心态、采用正确方式，我们才能顺利进入元宇宙造富的“快车道”。

第10章

国家行动　元宇宙的国家发展与竞争

截至2022年，元宇宙已经打通“科技+用户体验”的想象空间，拓展“数字科技+硬件”发展的未来。作为现实世界与虚拟世界融合的载体，元宇宙或将开启全球数字经济新一轮产业布局和科技博弈。面对这一趋势，我国及时展开多项行动，避免元宇宙发展处于受制于人的困境，这些战略性、前瞻性规划将带领中国在元宇宙中获得强国身份，稳固强者地位。

01 中国的元宇宙国家行动

伴随着元宇宙技术高速发展，我国元宇宙布局越发完善，数字经济与实体经济融合更加深入，相关行业全面升级，我国元宇宙行动已经进入遍地开花的阶段，元宇宙发展已走在世界前列。

——三金先生

2022年，元宇宙开始改变世界经济发展局势，全球各国积极备战元宇宙赛道，纷纷出台相关政策促进相关行业发展。我国对新兴科技、新兴事物发展一贯保持宽容以对、客观审视、冷静思考、积极布局的态度。在规范元宇宙市场发展的同时，我国采取多项行动，全国各地顺应元宇宙发展的趋势，制定了具体的发展策略。

自2021年开始，国务院与各地政府相继出台多项元宇宙发展扶持政策，这些政策为我国元宇宙产业布局提供了重要支撑，明确了发展要求。

国务院发布的《“十四五”数字经济发展规划》指出：创新发展“云生活”服务，深化人工智能、虚拟现实、8K高清视频等技术的融合，拓展社交、购物、娱乐、展览等领域的应用，促进生活消费品质升级。

《金融科技发展规划（2022—2025年）》指出：搭建多元融通的服务渠道。以线下为基础，依托5G高带宽、低延时特性，将增强现实（AR）、混合现实（MR）等视觉技术与银行场景深度融合，推动实体网点向多模态、沉浸式、交互型智慧网点升级。

银保监会发布的《关于防范以“元宇宙”名义进行非法集资的风险提示》指出：打击以“元宇宙投资项目”等名目吸收资金，涉嫌非法集资、诈骗等违法犯罪活动。

中国移动通信联合会元宇宙产业委员会官网发布的《元宇宙产业自律公约》提出：元宇宙业务应立足服务实体经济，坚决抵制利用元宇宙热点概念进行资本炒作，避免形成市场泡沫。我们有理由相信，在法律法规和行业自律规范的双重引导下，优质元宇宙将会逐渐取得领先地位，在良性发展的模式下，劣质元宇宙将会逐渐为市场所淘汰，全行业发展向好是大势所趋。

上海市发布的《上海市电子信息产业发展“十四五”规划》提出：加强元宇宙底层核心技术基础能力的前瞻研发，推进深化感知交互的新型终端研制和系统化的虚拟内容建设，探索行业应用。

新一代信息技术融合应用，围绕人工智能+大数据、云计算+边缘计算、5G+扩展现实、区块链+量子技术、云边端协同、数字孪生+数据中台等方面，推进技术协同攻关、标准规范制定，以及平台建设、应用创新等。

武汉市发布的《2022年武汉市政府工作报告》提出：武汉要加快壮大数字产业，推动元宇宙、大数据、云计算、区块链、地理空间信息、量子科技等与实体经济融合，建设国家新一代人工智能创新发展试验区，打造小米科技园等5个数字经济产业园。

在政策规范指引下，我国各地政府纷纷展开元宇宙发展行动，加速元宇宙赛道布局，培育经济增长点，以此提高我国元宇宙发展的国际竞争力。

1. 上海：将元宇宙纳入“十四五”规划

2022年1月8日，上海经信委召开会议，重点谋划2022年产业和信息化工作。会上上海经信委强调，未来上海发展将注重数字经济新赛道布局，加速上海数字城市发展，加大元宇宙开发应用，培养重点企业超前发展。事实上，元宇宙发展已经多次出现在上海城市发展重要会议中，2021年12月上海市委经济工作会议也提出“引导企业加紧研究未来虚拟世界与现实社会相交互的重要平台，适时布局切入”，这被业内称为“我国地方政府对元宇宙相关产业发展的第一次正面表态”。

在《上海市电子信息制造业发展“十四五”规划》中，元宇宙也是一项发展重点，规划提出加强图像引擎、区块链等技术攻关，支持元宇宙发展，鼓励元宇宙在公共服务、商务办公、社交娱乐、工业制造、安全生产、电子游戏等领域加大应用。这是元宇宙首次被写入我国地方“十四五”产业规划。

2022年2月，《上海市建设网络安全产业创新高地行动计划（2021—2023年）》正式发布，元宇宙成为上海市未来十大发展重点方向之一，同时上海市面向全国征集创新产品和解决方案，择优纳入《2022年度上海网络安全产业创新攻关成果目录》。

上海市元宇宙发展力度在全国范围属于前列水平，其发展策略具有指引性作用，值得我国其他地方借鉴，尤其上海市元宇宙基础建设环境，有利于打造高质量元宇宙发展基地。

2. 北京：加速入局元宇宙

2022年1月8日，北京市十五届人大五次会议举行“推动新时代首都发展”新闻发布会，新闻发布会上北京市经济和信息化局发言人指出，北京市将启动城市超级算力中心建设，推动组建元宇宙新型创新联合体，探索建设元宇宙产业聚集区。

2022年1月19日，“北京城市副中心产业高质量发展推进大会”正式召开，大会发布了《关于加快北京城市副中心元宇宙创新引领发展的八条措施》，指出：北京市将加快元宇宙相关技术与各行业深度融合，促进产业转型升级，重点围绕文化、旅游、商业等领域，打造一批元宇宙示范应用项目，支持一批元宇宙应用场景建设。为北京城市副中心元宇宙相关企业提供北京环球度假区、张家湾古镇、大运河文化带、台湖演艺小镇等场景资源支持。同时，全面优化元宇宙布局，提升元宇宙产业空间承载能力，打造“1+N”的产业创新集聚区。在张家湾设计小镇创新中心，集聚高端创新要素，打造元宇宙应用创新中心；在文化旅游区、台湖演艺小镇、张家湾古镇、宋庄艺术区、运河商务区等区域，打造与应用场景高度融合、形成元宇宙示范的主题园区。支持企业面向京津冀特别是雄安地区、面向全国、面向全球延展研发链和产业链，不断扩大行业影响力。

北京市作为我国科技创新中心，拥有独特的元宇宙探索优势，借助这一优势，北京市元宇宙相关产业获得发展先机，各项相关政策为北京市加速建设数字经济标杆城市、国际消费中心城市注入强大动力，也推动北京元宇宙技术创新、元宇宙产业布局走在世界前列。

3. 浙江：加快元宇宙布局

2021年11月，为让浙江省把握元宇宙发展趋势，紧抓机遇及时布局，浙江省经信厅组织召开了“元宇宙”产业发展座谈会。会议对浙江省元宇宙未来发展规划提出明确畅想。

2022年1月5日，浙江省数字经济发展领导小组办公室发布了《关于浙江省未来产业先导区建设的指导意见》，指出元宇宙、人工智能、区块链、第三代半导体将作为“浙江省到2023年重点未来产业先导区”的四大布局领域。

2022年1月7日，杭州市政协十二届一次会议开幕。会上，杭州市委在工作报告中指出，杭州要加速量子通信、元宇宙等产业布局，高水平打造“全国数字经济第一城”。

截至2022年4月，浙江省已在AR引擎、虚拟人像、3D空间与虚拟场景建设、5G云网、边缘计算、工业XR交互引擎等多个元宇宙技术领域展开研究，并带动浙江科技产业经济发展，元宇宙布局呈现向荣局面。

4. 江苏：打造元宇宙生态产业示范区

2022年1月1日，江苏省在无锡市滨湖区举办“2022太湖湾科创带滨湖创新大会”，会上江苏省政府就无锡市元宇宙发展推出了《太湖湾科创带引领区元宇宙生态产业发展规划》，规划提出无锡市滨湖区将加强元宇宙科技创新服务体系、科技创新载体建设，加快实施元宇宙人才安置工程行动计划，努力打造国际创新高地和国内元宇宙生态产业示范区。

据江苏省政府介绍，无锡市滨湖区将依托无锡先进技术研究院、国家超算中心等重大研发载体，培养区块链、人工智能等元宇宙核心技术人才，推进一批典型应用示范项目，到2025年形成技术成熟、企业集群、标准完备的元宇宙产业生态园，为浙江省元宇宙发展打造“滨湖名片”。

2022年1月11日，无锡市元宇宙产业园正式挂牌。2022年1月15日，该产业园顺利举办“首届长三角元宇宙创新创业大赛总决赛”，长三角元宇宙联盟、无锡市元宇宙创新创业基地正式落户滨湖区。

在各地顺应元宇宙发展的实际行动中，我国元宇宙布局越发完善，数字经济与实体经济融合更加深入，相关行业全面升级，市场找到“第二条增长曲线”，我国元宇宙国际竞争力更加强大。

02 欧美的元宇宙国家行动

> 欧美国家元宇宙发展行动相比我国而言更为保守，其“围墙花园”式发展令元宇宙在这些国家落地更依赖社会力量，这为我国元宇宙市场提前布局、全面赶超提供了大好时机。
>
> ——三金先生

近年来，虽然欧美科技巨头公司疯狂进行元宇宙布局，抢占元宇宙发展先机，但欧美政府对元宇宙大多采取观望态度，出台的元宇宙相关政策主要针对市场规范，元宇宙发展更多依靠社会力量。

截至2022年年初，美国政府尚未出台明确元宇宙建设发展的纲要性文件，也没有表达官方态度，只针对数据安全及产业垄断问题提出规范意见。其实数据安全一直是美国信息市场发展的重点，为防止数据滥用和隐私泄露，美国政府多次提高相关违法违规行为的执法力度。2018年，美国联邦贸易委员会就Facebook用户数据泄露事件对Facebook处以50亿美元罚款，并对Facebook平台实施严格隐私限制，美国信息行业发展更加谨慎。

2021年10月，美国两党参议员提出《政府对人工智能数据的所有权和监督法案》，旨在加强联邦人工智能系统数据监管，要求联邦政府及时成立人工智能工作组，确保人工智能设备收集的生物识别数据可以安全使用。元宇宙同样在这项法案约束范围之内，表明美国政府对元宇宙发展持谨慎态度。

在政企合作层面，美国政府同样极其小心，在不影响政府发展策略的前提下不进行过多约束，但也不给予实质支持。例如，Facebook更名Meta，进入元宇宙市场后，曾多次与美国政策制定者、学者、专家洽谈，希望政府能够支持自己构建元宇宙版图，但美国政府没有及时给予答复，更多时候保持观望态度，根据Meta的发展情况进行实时指导。

欧洲国家对元宇宙发展态度与美国相似，欧盟先后出台多项法案规范元宇宙市场发展，其中包括《人工智能法案》《数字服务法案》《数字市场法案》等。这些法案清楚表明政府立场更多是保护，而不是主导。各项法案提出欧盟尊重元宇宙用户选择权，在元宇宙市场发展过程中严格保护用户隐私，限制元宇宙企业采取高风险发展策略，在治理与约束层面加大保护力度，全面保护欧洲元宇宙市场健康发展。

与美国相比，欧洲大多数国家存在硬件不足的问题。因为欧洲大部分国家没有大型原生态互联网企业，其互联网市场发展主要受美国主导。在元宇宙到来之际，欧洲的发展诉求主要为加强元宇宙监管，防止在数字技术迭代的过程中自身的国际地位下降。为此，欧盟于2020年12月公布了《数字服务法》和《数字市场法》两项法律草案，这两项法案对社交媒体、线上市场及其他互联网平台所有数字服务提出了新要求与新规范。

总体而言，欧美地区的元宇宙国家发展行动主要表现为自我保护与市场观望，其发展积极性存在不足，未来发展更多依靠社会力量。

03 其他国家的元宇宙国家行动

> 在元宇宙到来之际，日韩等科技强国紧抓时代机遇，在元宇宙技术领域凝聚强大竞争力，这也代表两国元宇宙发展可以先人一步、快人一步。
>
> ——三金先生

在全球元宇宙蓬勃发展的过程中，日韩两国表现尤为积极，这主要是因为元宇宙核心技术本就是两国的核心产业，加速布局元宇宙可以强化两国的发展优势。

2021年7月，日本经济产业省发布了《关于虚拟空间行业未来可能性与课题的调查报告》，报告提出元宇宙行业发展需要扩大消费群体，日本应降低VR设备价格以及VR体验门槛，并提高VR技术质量，日本政府需要将虚拟空间法律作为发展重点。这些观点体现了日本政府对元宇宙发展的态度与策略，同时加快了日本元宇宙发展的进程。

2021年12月，日本多家加密资产兑换平台企业共同组成元宇宙业界团体“一般社团法人日本元宇宙协会”，这一团体与日本金融厅等政府机关达成良好合作，并启动多项元宇宙市场建设项目，日本政府将发展成“元宇宙发达国家”视为主要目标。

2022年3月18日，在政策引导下，日经、NVIDIA、Meta、小冰在日本共同成立“元宇宙联合体”。该联合体以促进日本元宇宙可持续发展为目标，提前进行日本元宇宙布局探索，并与日本政府、社会紧密结合。这一联合体属于非营利组织，主要作用是促进日本元宇宙与各产业结合，在日本建立良好的生态系统。

日本政府对元宇宙发展十分重视，也给予大量政策支持，元宇宙发展十分顺畅。与日本相比，韩国元宇宙发展更为超前，不仅反应及时，且韩国政府将元宇宙引导至各个领域，斥巨资进行扶持。

韩国是全球最早成立元宇宙协会的国家。2021年5月18日，韩国信息通信产业振兴院联合25个机构、企业共同成立“元宇宙联盟”，该联盟旨在通过政府与企业合作，在韩国全域构建元宇宙生态系统，加速虚拟世界与现实世界融合。

截至2022年4月，在韩国政府的大力推动下，韩国“元宇宙联盟”已经联合500多家企业与机构，其中包括三星、KT、LG等巨头公司，并在多个领域开放元宇宙平台，开展多项元宇宙项目。

在产业融合方面，韩国政府充分发挥自身的主导作用，从2020年便开始加速元宇宙与各大产业融合。2020年12月，韩国科技部发布了《沉浸式经济发展策略》，指出韩国将努力发展成为全球五大XR经济国家。2021年7月，韩国政府发布《数字新政2.0》，提出韩国将大数据、人工智能、区块链等元宇宙核心技术列为发展重点项目。另外韩国《数字新政2.0》还提出一项产业培育支援计划，共计投资2 024亿韩元，其中为XR内容开发、数字内容开发等技术行业支援760亿韩元。

2021年8月31日，韩国财政部公布2022年韩国604.4万亿韩元预算中，9.3万亿韩元将用于加速各产业数字转型及培育数字经济产业。其中，用于元宇宙平台开发的资金为2 000万美元，用于数字安全区块链技术开发的资金为2 600万美元。

在元宇宙实践层面，韩国政府提出了“首尔2030年元宇宙发展计划”，目标是将首尔打造成真正意义上的元宇宙城市，这项计划包含三个重要节点：2022年为计划起步阶段，主要任务为引导元宇宙技术融合；2023—2024年是扩张阶段，主要任务是扩展元宇宙应用；2025—2026年是定局阶段，主要任务是引导大众在元宇宙定居，2026年之后首尔市将以元宇宙城市的定位进行高速发展。截至2022年4月，韩国政府为这项计划已投资39亿韩元，主要用于在首尔建立高性能元宇宙平台，加强元宇宙与教育、旅游等领域融合，未来还将扩展到市政管理领域。

2022年1月，首尔市政府对外公布，2022年首尔将在元宇宙、大数据和人工智能等尖端数字化技术项目上投资3 459亿韩元，用于智慧城市建设，利用元宇宙技术构建数字基础设施，增强社会公共服务，这项投资不仅加速首尔元宇宙计划发展，还将创造3 500个新就业岗位，培养大量元宇宙技术人才。

总体而言，韩国是全球范围内元宇宙发展力度最大的国家，在各方面取得的发展成绩较为突出。2022年年初，韩国政府宣布，未来将培育220家元宇宙公司及4万名元宇宙技术专业人才，创造50亿韩元以上产业收入。此外，韩国政府还会为元宇宙专门起草一份通行道德准则，以优化韩国元宇宙的发展环境。

日韩两国是世界科技强国，在元宇宙到来之际，两国的发展策略与措施向世界指明了元宇宙科技落地的方式，对比世界各国元宇宙发展现状，日韩两国在元宇宙技术领域拥有强大竞争力，这也代表两国元宇宙发展可以先人一步、快人一步。

04 元宇宙的未来走向哪里

一千个人眼中必然有一千个元宇宙，但这一千个元宇宙最终都将汇聚到一起。元宇宙带给世界无限可能，引发大众无数畅想。让我们看到未来世界的新奇，看到未来生活的美好，这是元宇宙的特点，也是元宇宙的价值。

——三金先生

1. 元宇宙的未来

自从人类认识到信息价值后，人类发展就进入高速阶段；自从人类认识到数字价值后，人类发展量化方式开始出现转变；自从人类意识到虚拟空间价值后，元宇宙随之到来。那么元宇宙究竟会走向哪里？又将带给人类哪些改变呢？从当下的发展中我们可以看到六种趋势，以及无数畅想。

（1）元宇宙未来趋势一：现实世界与元宇宙经济融合。从数字藏品、数字人带来的经济发展效果中可以看出，现实世界与元宇宙的经济融合正在不断深入，元宇宙产业链已经联通现实世界，数字经济发展空间无限扩大。虽然当下元宇宙经济发展更多存在于休闲娱乐领域，但元宇宙带来的生活改变已产生巨大价值，在未来发展中元宇宙可以通过多元方式逐渐抢占数字经济主导权，增强虚实经济融合。

（2）元宇宙未来趋势二：数据价值不断提升。元宇宙是数字世界、代码世界，构建元宇宙的基础单位是现实世界复刻的各种数据。未来发展中谁能够掌握数据采集、复刻、计算等技术，谁就可以提升元宇宙建设效果，获得更高元宇宙地位。

元宇宙发展过程中，数据价值不断增长。元宇宙空间内的数据不再是简单信息，而是代表元宇宙生活规律、运营规则、展现方式的运营法则。元宇宙数据可分为交易数据、生活数据、工作数据等多种类型，决定人类在元宇宙生存、发展、娱乐、工作的安全性与高效性。所以，未来数据价值将不断提升，甚至数据产业将成为元宇宙发展的核心产业。

（3）元宇宙未来趋势三：人类获得第二形象。现代人类进入元宇宙时已经可以进行捏脸及形象定制，未来发展中人类形象将突破现有认知，在元宇宙中以各种形态呈现。例如，未来元宇宙中，我们的朋友不再是人类，可能是植物、动物，甚至外星人、机器人等，只要现实世界身份明确，元宇宙形象可以任意定制。

另外，人类第二形象设计还将成为元宇宙一大产业，从人物设计到服饰配件，一切与形象有关的内容都可以进行商业运作，“元宇宙整容医院”“元宇宙服饰工厂”“元宇宙美容中心”将随之诞生，这也是人类在元宇宙生活的重要需求。

（4）元宇宙未来趋势四：数字文化主导发展。元宇宙与现实世界的最大差异在于文化，数字文化作为构建元宇宙的核心文化将成为未来发展的重点，即入驻元宇宙必须具备一定数字文化基础，懂得元宇宙数字运行原理，这包括数据采集、运算、处理、传输等多种文化，掌握这些文化可以成为元宇宙的技术人才，在元宇宙中获得更高的社会地位。

当然，现实世界数字文化价值同样突出，VR、AR、交互等技术决定人类进入元宇宙的效果，这些文化在未来普及程度将大幅加深，正如互联网、计算机文化覆盖人类生活一样，元宇宙文化也将成为大众生活的必备知识。

（5）元宇宙未来趋势五：经济体无限壮大。元宇宙为现实世界带来无限可能，现实世界工作、生活、办公、娱乐、社交场景因元宇宙发生无数改变，这代表这些领域背后的相关经济体获得全新发展空间，经济以极大倍数高速增长。未来大多数行业经济体都会产生倍增效果，因为元宇宙以现实世界为基础在虚拟空间开展更多经济活动，两个世界经济体逐渐融合，发展效果自然无限壮大。

（6）元宇宙未来趋势六：全球普惠性发展。元宇宙数字金融具有优质服务性，虚拟经济对实体经济也有强大促进性，未来发展中支付、借贷、融资将不断升级，最终方向都是服务大众。这是元宇宙发展的重要意义，也是人类生活进步的主要方式。

2. 元宇宙的畅想

元宇宙距离人类越来越近，其展现的各种力量引发大众无限联想，从元宇宙的特点、优势、作用、价值层面出发，我们可以结合现实生活展现以下畅想。

（1）元宇宙社会畅想。未来的元宇宙社会是一个更安全的社会。在这个社会中，生产、生活、工作、娱乐都将井然有序，人与人的关系更加和谐，因为这是元宇宙运营的基本方式。

对比现代社会，人类生存及生活方式呈多样化特点。不同地域人群因环境差异，生存及生活方式产生巨大差异。但元宇宙中不同，元宇宙生活环境不会出现巨大差异，一切资源可以共享，人类基础生活品质极高，社会关系自然更加和谐。

另外，社会运营情况也将大幅趋好。现实世界人类社会遵循法治化管理，但无论法律如何健全，人类主观意识都可以违反法律，虽然违法人员必将承担严重后果，但法律无法杜绝违法情况发生。元宇宙则不同，元宇宙社会采用数字契约方式运行，人类可以主观违反法律，却无法在元宇宙主观违反数字契约，即元宇宙中一切违反规则的行为将不被允许，违法行为会被消灭在思想状态。例如，在元宇宙运营规则下，数字人无法进行抢劫行为，甚至无法伤害到他人。可以说，未来元宇宙当中意外情况极少发生，人与人之间遵循契约关系和谐发展，这就是元宇宙社会的特点。

未来元宇宙社会是一个公平社会，数字人之间虽然有身份差异，却有极高的公平底线。元宇宙中不再存在弱势群体，残疾人、老年人都可以通过数字人获得相同权利，从事相同工作，享受平等待遇，社会生产力得到大幅释放，建设与运营压力不断降低。

未来元宇宙社会是一个充满机遇的社会，在这个数字空间中，人人都是发明家，人人都是创造者。在元宇宙技术支撑下，任何创意都可以清楚呈现。元宇宙数字人之间的竞争，不再是经验比拼、工作效率角逐，而是创造力、想象力的比拼，只要创意被更多人认可，便可以获得良好的发展机遇，元宇宙将在创造力与想象力支撑下不断升级迭代。

（2）元宇宙生活畅想。元宇宙催生新型组织形式DAO。DAO改变了社会信息不对称的问题，这种背景下生活压力可以大幅下降。元宇宙居民就业十分公平，不再受学历、年龄、性别、工作经验限制。企业招聘效率超高，在AI、大数据、云计算等技术支撑下，企业可以将求职者信息与企业需求自动匹配，进行等级划分，之后实现就业自动入职、企业自动招聘。

未来元宇宙生活更加廉洁，因为元宇宙交易系统具有公开透明特性，政府资金流动可以全程追溯，中间问题可以全面杜绝。

未来元宇宙生活更加高效。数字技术、互联网技术在元宇宙世界运用更加深入，甚至元宇宙居民自带技术属性，生活、工作、娱乐都以技术方式进行，生活效率无限提升。

未来元宇宙生活更加科幻。元宇宙空间可以如同梦境，生活设施呈现自动化、人工智能化特点。社会工作人员被人工智能设备代替，数据还将支撑城市自运营、自我管理。

人类在元宇宙空间内将舍弃手机等外部配件，以穿戴设备作为主流，如智能眼镜、智能手表等，在AR技术支持下，这些设备可以提供超清全息投影，元宇宙生活空间被无限放大，但人与人之间的距离被无限缩小。

未来元宇宙生活将产生时空概念。在数字孪生、交互技术支撑下，元宇宙可以进行事物变化预演、复现。人类可以准确预测事物一段时间内的变化，排除诸多风险，降低决策错误的概率。

总体而言，人类在元宇宙享受的未来生活与当下差距极大，这一世界带来的体验感、幸福感极为突出，人类对元宇宙生活的依赖性不断提升。

（3）元宇宙教育畅想。知识是人类进步的基础动力，知识增长需要良好的教育途径。未来元宇宙世界将是一个海量知识高速传输的世界，在这个世界中，知识选择、学习效率将远超现实世界。

首先，元宇宙教育不再是书本教育，而是仿真教育。课堂、校园、书本都以数字形式呈现，学生可以根据自己所学内容选择不同学习场景，全面搜集相关信息，学习范围无限拓展。

其次，元宇宙教育不再是应试教育，而是应用教育。学生不再需要通过考试，而是通过实际应用评定学习效果。在各种元宇宙技术的支撑下，学生可以直接切换知识实践场景，进行知识应用，最终以实际效果评定学习水平。例如，某学生学习机械传动知识后，直接进行一种机械设备制造，根据产品制造效果进行评分。这种方式可以确保学生学以致用。

再次，元宇宙教育场景乐趣点丰富，各类知识可以融入游戏、工作、运动等场景，以此增强学生的参与感、体验感，加深学生对知识的理解。

最后，元宇宙教育可以直接转化为财富，学生通过学习研发将各类作品以NFT形式上线出售。这种教育方式有两种作用，一是评定作品制作效果，二是评定学生作品价值。

一千个人眼中必然有一千个元宇宙，但这一千个元宇宙最终都将汇聚到一起。元宇宙带给世界无限可能，引发大众无数畅想。让我们看到未来世界的新奇，看到未来生活的美好，这是元宇宙的特点，也是元宇宙的价值。

今天，我们对元宇宙的认知决定了自己未来的样子；今天，我们在元宇宙埋下的所有种子必将在未来生根发芽。在元宇宙的浪潮里，无论我们是新一代弄潮儿，还是苦苦磨练的“高精尖”，都将汇入发展洪流，拥抱新时代，这是自由元宇宙带给我们的改变，带给我们的未来。

后记 “星迷宇宙”的未来

很早很早以前，人类便开始探索虚拟时空。随着科技进步，人类对虚拟世界探索越发深入，直至5G、人工智能、区块链、云计算、AR、VR等新一代数字技术打开元宇宙大门，人类才真正见识到虚拟世界的美。

在元宇宙时代到来后，人类终于认识到虚拟世界并非柏拉图的畅想、庄周的蝴蝶，而是一个实实在在存在的时空，它源于现实又高于现实，它向虚而生却平行于世界。从更高维度来思考，元宇宙给人带来的不仅是一个世界，更是一次重新选择的机会，是一次新生，我便是元宇宙的第一获益者。

小时候，我就有一个打造人类极致乐园的梦想。这个乐园就像迪士尼一样，可以为孩子们带来欢乐。多年来我一直为此而努力，把自己的创意和想法带给大家。创业之初，靠游戏发行赚到了第一桶金，后来在游戏行业一做就做了10年，先后推出了五百多款精品手游，当然也不乏爆品。游戏可以给大家带来快乐，但是缺少精神的寄托和教育意义，乐园般纯粹的世界才是我的初衷和最终梦想。于是我开始做故事，精心打造了“星迷宇宙”，希望以这段东方英雄科幻传奇故事为起点，影响孩子们，让他们拥有健全的人格，遇到困难不气馁，学会担当，学会勇敢、善良、积极、包容地去面对生活。

元宇宙到来之后，我发现自己的梦想可以植根一片新乐土，释放前所未有的强大能量，所以我希望与更多伙伴一起共建、开启一个“自由元宇宙”。

“星迷宇宙”创立以来，我们经历了跌宕起伏，见证了行业兴衰，但我们始终坚持为更多人带来快乐、帮助更多创造者发展的初衷，最终得以屹立于元宇宙行业前沿，累计合作超过1 000位明星名人虚拟IP，这是分享时代拼搏的结果，也是元宇宙赋予的机遇。

“星迷宇宙”作为元宇宙初代作品，我紧随元宇宙落地的趋势为它打造了三个核心优势。

首先，我将“星迷宇宙”定义为元宇宙新基建，明确“自由元宇宙”发展目标，努力将其打造为涵盖“社交+娱乐+内容+经济”等多种内容的分布式元宇宙泛娱乐共享虚拟平台，“星迷宇宙”用户可以足不出户编写游戏、拍电影、绘画、创造音乐、编织梦想。

其次，我将“星迷宇宙”缔造为一个造梦空间。先后与有璟阁餐厅、艺咖数字艺术、集美家居、豹变学院等不同领域品牌合作，吸引超3 000万粉丝，覆盖95%的中国卡通形象，打破实体与虚拟的界限，力求以沉浸式创造和体验助力全产业链真正实现数字化、虚拟化和娱乐化。

最后，我将“星迷宇宙”打造为一条连接元宇宙的财富通道，在“星迷宇宙”上亿元元宇宙基金支持下，帮助更多中国创造者变现，为更多用户提供优质产品，助力价值转化，我希望在“星迷宇宙”中开启一场中国元宇宙“品牌创造者派对”。

“星迷宇宙”保持着与元宇宙落地同频的发展脚步，凝练着“共创、共融、共享、共赢”的平台特色，我相信“星迷宇宙”能够将“自由元宇宙”定义诠释清楚，呈现现代人类沉浸元宇宙的幸福状态，充分展示元宇宙的价值与特点。

可以说，元宇宙是历史发展的数字迁徙，代表着人类生活的下一个百年。技术为本、场景为王的元宇宙时代，大众办公、文创、社交、教育、医疗、金融、智慧城市建造、市场产业互联都将发生巨大改变，一个精细化、定制化、个性化的数字空间让大众获得更美好、更舒适的生活。我希望在这个时代转折点上，“星迷宇宙”可以成为大众进入这一空间的钥匙，打开生活的一扇大门，在助力元宇宙落地的过程中裹挟现代文明掀起一场科技狂欢。